虐待から子どもを守る！

教師・保育者が必ず知っておきたいこと

加藤尚子

小学館

はじめに

児童虐待に社会の注目が集まっています。私が児童虐待の問題に深く関わるようになって、20年以上が経ちました。これまで大学教員として研究や教育を行いながら、同時に、地域の虐待対応に取り組む子ども家庭支援センターの巡回相談で、学校や保育園、学童保育などの現場を回ってきました。また、虐待を受けて家庭で暮らせない子どもが多く暮らす児童養護施設で子どもの治療を行い、施設職員と共に子どもの養育について考えたり、行政の委員として虐待対応に関する制度施策について検討したりする活動にも携わってきました。こうして、地域で虐待問題を抱えた家庭を支えることから、虐待により親子分離となった子どもへの養育支援や心理治療、子どもが再び家庭に戻る際の家族再統合、それら全部を支える枠組みである制度施策の検討まで、虐待問題に総合的に関わる機会を得てきました。

こうした仕事に私が取り組んでいる間にも、社会の意識や制度、現場の対応、虐待をしてしまう親と虐待を受けた子どもへの支援方法や心理治療など、様々な領域で虐待問題への取り組みが重ねられ、状況が着実によい方向に変化してきていることを実感しています。しかしながらその一方で、今でも「このことを知っていたら防げたのに」「こうすればもっと早く子ども（保護者）の苦しい状況を変える手助けができたのに」と思うこともしばしばあります。また、十分な知識をもっていないために、虐待問題の当事者である親子だけでなく、そうした親子に関わり支援する教師や保育者などが大変な苦労をしている場面にもよく出合います。

この本は、そうした虐待問題を抱える親子の苦しい状況を少しでも軽くし、親子に一生懸命関わっている教師や保育者などの支援者を支えられるようにと願い、書き上げたものです。

実際に出合うそれぞれのケースに対しては、私のもつ僅かな知識を先生や保育士の方々と共有し、一緒に知恵を絞って、日々できる限りの支援を行っていますが、一つのケースを通じてできることには限界もあります。より多くの教師や保育者の方に、本を通して児童虐待についての知識を少しでも多く蓄えていただくことで、親と子どもの苦しみを軽くし、そして支援に当たる先生方自身のことも応援したいと考えました。忙しい日々の中で、通勤電車の行き帰りや、少しの隙間の時間に読んでいただけるように、正しい知識を盛り込みながらも学術書のような体裁をとることは避け、できる限り読みやすさを優先しました。また、イメージしやすいように事例も多く挙げていますが、それらについては全て実際の事例に基づきながら筆者が作成した架空の事例であることをはじめにお断りしておきます。

書名は「虐待から子どもを守る」となっていますが、これは虐待をしてしまう親を一方的な加害者とし、子どもを被害者とする意味ではありません。私自身も4人の子どもの母親として子育てをする毎日ですが、とても理想的な子育てとは言い難く、自分自身の育ちの課題とも向き合いながら、親として葛藤し、時に後悔しながら取り組む日々です。個人としての願いも込めて、子育てする親も社会から抱えられ、子どもも親も虐待に至らないよう守られるべきだと考えています。「虐待から子どもを守る」とは、親子共に社会からその育ちがしっかりと支えられ、その結果子どもが虐待から守られるという意味だと受け止めていただきたいと思います。

最後になりますが、企画の意図と意義を深く理解し、出版に向けてご尽力くださった小学館の小林尚代さんに深く感謝いたします。小林さんの力なくしてはこの本の実現はありえませんでした。力強い後押しで企画を実現してくださっただけでなく、内容についてきめ細かく読み込み、的確な助言をくださり、日々の生活に追われ間が空きがちになる執筆のペースについても激励しつつ伴走してくださいました。この場を借りて心からお礼申し上げます。

そして、これまで著者と共に虐待問題に取り組み、一緒に親や子どもの支援に当たってきた、児童相談所、子ども家庭支援センター、児童養護施設、行政機関、学校、保育園、学童保育などなど、現場で働くすべての職員の方にお礼申し上げます。皆さんと一緒に仕事をする中で、お互いに支え合い、新しい知恵を生み出し、この問題にいっそう深く取り組むことができました。この先にも続く一里塚に過ぎませんが、皆さんとの協働の中からこの本は生まれ、一緒に働く機会のない支援者の方たちとも、経験を共有することができるようになったと考えています。

子どもが養育者から慈しまれ、大人が子どもを慈しむ体験は、生きる根源の力となって私たちの一生を支えていくものです。様々な色合いはありながらも、全体としては幸福な思いに包まれたものとして、その体験を全ての子どもと親がもてるよう、強く願うとともに、この本がそのために少しでも役に立てば幸せです。

2017年5月

加藤尚子

目次

第5章　児童虐待の発見…105

第6章 児童虐待への対応……135

第1章

児童虐待の今

この章では、増えていると
思われている児童虐待の現状と、
その背景にある社会の状況について、
お話ししていきます。
そして、子育てをめぐる社会の意識と現状が、
児童虐待問題に
どのような影響を与えているのかについてと、
虐待によって死んでしまう
子どもについて考えます。

1　児童虐待の現状

～児童虐待は増えているのか？～

児童虐待が増えていると言われています。平成27年に児童相談所が対応した児童虐待は10万3260件（速報値）で、前年度と比べて1万4329件も増えました。児童虐待の統計は平成2年から取り始められましたが、26年の間に約93倍になったことになります。この虐待の件数を、全国の18歳以下の子どもの人口比で見てみると、およそ200人に一人の子どもが虐待を受けているという計算になります。

200人と言えば、大抵の小中学校1校の生徒数よりも少ないのではないでしょうか。つまり、今はどこの学校にも児童相談所が介入するような虐待事例が一つ以上あるということになります。こう考えると、学校にとって虐待問題は決して「特別なこと」ではなく、私たちの身近に起きる問題だと言えるでしょう。

そして残念ながら、虐待により死亡する子どもも毎年100人近くいます。年度による若干の違いはありますが、平均すると、親からの暴力や放置などの私たちが普段イメージする児童虐待によって死亡する子どもが6割程度、親の企てによる親子心中が4割ほどいます。

このように書くと、現代はものすごい勢いで児童虐待が増えていると思う人もいるかもしれません。確かに児童虐待の問題は深刻であり、大きな社会的問題です。特に教師や保育士など、子どもに関わる職業に就く大人は、この問題を予防し、早い段階で発見し解決への支援をしていく必要があります。しかし、昔に比べて虐待の件数が増えており、今の親の子育てはなっていないという考えが本当に正しいのかどうかについては、慎重に考える必要があります。

児童虐待の件数が増加していることの意味を理解するために、ちょうどよい例があります。平成27年度の児童虐待の件数です。前年度と比べて1万４３２９件も増えたということは、たった1年間に1割以上も増加していることになります。これがもし虐待発生の件数自体の増加を表しており、この勢いで児童虐待が増えていくとしたら大変なことです。加速度的な勢いで虐待が増加していることになり、日本の子育てはこのままでは一体どうなってしまうのか、と心配になるのももっともなことです。

しかしながら、この件数増加の背景には、次のような要因があることがわかっています。一つは警察からの通告が増加したこと、もう一つは児童虐待の通報がしやすくなったことです。関係者の間では、「面前ＤＶ」と言われていますが、夫婦やパートナー間のドメスティックバイオレンス（ＤＶ）が子どもの前で行われた場合、それは心理的虐待に当たります。27年度は心理的虐待の件数が急増しているのですが、それはＤＶによって警察が家庭に介入した際に、その場に子どもがいた場合は基本的に児童相談所へ通告することが徹底されるようになったためです。それが虐待件数全体の増加の一つの要因です。もう一つの理由は、「虐待かも」と思ったときに相談・連絡する児童相談所の電話番号が、「１８９（いちはやく）」という全国共通ダイヤルになり、３桁ですむようになったことです。こうした警察による通告の徹底と、広報活動を含めた通報の簡便さが、多くの人々に虐待通報を容易にさせ、件数の増加に結びついたと分析されています。

このように背景を見てみると、どうも簡単に虐待件数自体が増加しているとは言えないようです。児童相談所による児童虐待対応件数の増加は、そのまま虐待件数の増加ではなく、今まで潜在化し発見されてこなかった事例が、人々の目に映るようになったということです。これを問題の「可視化」「社会化」と言いますが、対応件数が増えている背景には、私たちの頭の中に「子どもに対するこういう行為は児童虐待である」という理解の枠組みができたことが貢献していると言えます。

考えてみれば、昔の方がむしろ現代より子どもに対する扱いはひどく、暴力も放置も多かったはずです。ここには、「子どもの人権」に関する人々の意識の高まりも貢献しています。これまでにもあった子どもに対する行為に「児童虐待」という言葉が与えられ、そうした行為をすることは問題であると人々が認識し始めたこと、そして社会がその問題に注目し、予防と対策に積極的に取り組み出したことによって、今までは見過ごされてきた子どもに対する虐待問題が顕在化してきたのでしょう。それがここ数年の児童虐待対応件数増加の背景にあると言えます。

厚生労働省が統計を取り始めた平成2年の虐待対応件数は1101件で、その後毎年対応件数は増え続けてきました。特に、児童虐待防止法が施行された平成12年以降は、一層その増加傾向に拍車が掛かっています。これは、児童相談所をはじめとした各関係機関が児童虐待の対応に積極的に取り組んでいる成果であるとも言えます。こう考えると、児童相談所が対応する児童虐待件数が増加したことを、直接「虐待は増加している」「現代の親は子育てができなくなった」という結論に簡単に結びつけることには慎重でなくてはならないでしょう。

その一方で、やはり現代の親の質や子育ての力が低下している、という指摘もあります。日本においては、高度経済成長の時代に、家族形態が大きく変化し、子育て形態も変化しました。それまでは、第一次産業が中心で、多くの人が生まれ育った土地で仕事に就き、家庭をもち、自分の親やきょうだい、親族などと同居または同じコミュニティの中で生活し、血縁や地縁に支えられながら子育てをしていました。

ところが、経済成長の中で企業が成長し、多くの人が地方から上京してサラリーマンとして都市で働き、そこで結婚をして家庭をもつようになると、核家族化と女性の専業主婦化が急激に進みました。経済成長に伴い、給与も上がり続け、男性一人の収入で家族４人が生活していけるようにもなりました。そして、男性の長時間労働を支えるために、結婚した女性が家庭に入り、夫を支え子どもを育てるという家族形態を、政府も積極的に後押ししていきました。

このようにして、長い人類の歴史と文化の中ではある意味例外的とも言える、母親一人が家庭の中で一人か二人の子どもを育てるという西洋近代の子育て形態が日本社会の中で定着したのです。こうした母親による「孤育て」が一般的となり、母親が子育てを一手に担わされるようになったことで、親の養育力、家庭の養育力が低下したという指摘もあります。

専業主婦とワーキングマザーの子育てに対する意識について調査したものがあります。そこでは、専業主婦のほうが育児の負担感が高く、「自分が子どもにとってよいことをしている」と思えず、母親自身の自己肯定感も低くなっている、という結果が出ています。働きながら保育所や周囲の大人の手を借りて子育てをしているワーキングマザーのほうが、自分は母親として子どもにとってよい関わりができており、子育てに充実感を覚え、自分自身に関しても自信をもてているというのです。これは、やはり、子育ては母親一人で行うものでなく、複数の大人が協力し合って行うべきものであり、一人の子育ては負担感が高く大変であることの一つの証《あかし》ではないでしょうか。

母親が心理的なゆとりをなくすことで、子どもへの関わりの質が低下することも明らかになっています。高度経済成長の時代に子どもだった人々が親となり、祖父母になるような年代です。前述した子育ての世代間連鎖の中で、養育力が数世代にわたり低下している可能性も考えられます。

社会環境も、子育ての質に影響します。現代の社会は、様々な面で子育てをしにくい環境だと言われています。コミュニティや血縁に頼って子育てすることが難しい社会状況の中、保育所不足の問題に代表されるように、それに代わる保育や地域の子育て支援も決して十分とは言えません。そして残念ながら、日本社会と日本人の意識も、子育てに寛容であるとは言い難いでしょう。多くの人は、子育ては親の責任、家庭の責任であるという意識を強くもっているのではないでしょうか。

少し前に、ベビーカー論争というものがありました。混んでいる電車にベビーカーが乗ってくるのは迷惑だ、遠慮すべきだ、畳むべきだ、という意見がありました。ベビーカーというのは、障害のある方や高齢の方が利用する車椅子と同じです。自力で歩けないのですから、「子ども用車椅子」と言ってもよいと言う人もいます。子どもはやがて歩けるようになるせいか、その状況は親子にとって外出をする際のディスアビリティ状態であると意識されにくいのかもしれません。

しかしながら、安全に人々の中で自立歩行ができるようになるまでは、親が押すベビーカーを利用しなければ子どもは移動ができませんし、その時期は移動に関して、子どもも子どもを連れて歩く親も社会的弱者なのです。抱っこひもで移動すればいい、という意見もありますが、ずっと抱きかかえていることも大変です。ベビーカーを利用するのは3歳くらいまでのことが多いと思いますが、2歳半の子どもの平均体重はおよそ13kgもあります。

「混雑時にベビーカーは電車に乗るべきではない」「車内では折り畳むべきだ」など、同じことを車椅子を利用している人に対して果たして言うでしょうか。ここにも、日本の人々がもつ、子どものことは親が責任をもつべき、苦労するのはしかたがない、という子育てに関する意識や、子どもは社会で共に育てていくものという意識の希薄さが現れているように思えてなりません。

こうした社会の意識や状況・変化に伴い、子育てのあり方が変わってきたことが、現代の親の子育てに大きく影響しているということに目を向けずに、「今の親は子育てができない」と、ただ親や家庭だけを批判し責めることは大きな間違いでしょう。今の子育ての状況は、歴史の中でつくられ、社会全体の状況を反映しているものです。虐待問題を母親や父親などの個人や家庭の問題とだけ捉えるのではなく、社会のあり方も含めて考え、対応していかねばならないということを、私たちはまず理解しなければなりません。

2 虐待によって死んでいく子どもたち

このように、私たちは子育てや児童虐待を社会全体の責任として捉え、予防や解決への支援をしていかねばなりません。中でも最初に取り組むべきなのが、虐待によって死んでいく子どもをなくすことでしょう。一度失われてしまった命を取り戻すことはできないからです。

虐待によって死亡する子どもの数は、年度によって多少の増減はあるものの、現時点では残念ながら毎年多くの子どもが死んでしまうことが続いています。平成26年度は、心中によって死んだ子どもが27人、心中以外の虐待によって死亡した子どもが44人でした。親からの暴力やネグレクトによっておよそ毎年40～60人前後、心中を含めると70～１２０人前後の子どもが亡くなっています。

心中による子どもの死亡を、児童虐待による死と捉えるのは、意外に思う人もいるかもしれません。しかしながら、後の章で説明しますが、虐待行為には親の意図は関係ありません。親が子どもをいかに愛していたとしても、子どもの心身の健康を害する行為は、児童虐待に当たります。心中も、子どもの意思とは関係なく大人の力と意図によって子どもの命が奪われてしまうのですから、児童虐待に該当します。

子どもの虐待死の原因は、身体的虐待による死が6割弱くらい、その次にネグレクトによる死が4割弱くらいと、この二つが大半を占めています。ですが、子どもが親の暴言などにより（死ぬしかない）と思い込み、自殺を図るような心理的虐待による虐待死も少数ながら存在します。

年齢別に見ると、心中以外の、いわゆる多くの人がイメージする虐待死では0歳児の子どもが圧倒的に多く、全体の6割を占めます。特に0歳児のうち、月齢が1ヶ月に満たない0ヶ月の子どもがその半数を占めます。死亡する子どもの3割が1ヶ月未満の生まれたての乳児、それ以降の1歳未満の乳児が3割ということになります。生まれたばかりの乳児の身体の脆弱性が死亡に結びついていると言えますが、それ以外にも、乳児の時期は家庭の外に出る機会が少ないこと、特に新生児期は親の子育てのストレスも高いことなどが関係しています。この0歳児の時期の虐待による死亡をなくすことは、私たちの一つの大きな目標だと言えるでしょう。

行政も「こんにちは赤ちゃん事業」（乳児家庭全戸訪問事業）などを実施し、生後4ヶ月までの乳児のいる全ての家庭を訪問するなどの取り組みをしていますが、まだ十分ではありません。妊娠中からハイリスクな妊婦や家庭を把握し、出産前から出産後、そして子どもの成長に伴って、切れ目のない予防策と支援をつくり上げていくことが必要です。

虐待死の予防のために大切なことのもう一つが、関係機関がいかに虐待のリスクを把握するかということです。虐待死のうち、児童相談所などの虐待に対応する行政機関が関わっていたケースは、全体の半分以上を占めます。つまり、虐待があることを把握していて関わっていたのに、子どもが死亡してしまったということです。「リスクアセスメント」と言いますが、虐待の深刻度についての「見立て」を、担当職員一人のものとせず、多くの支援者間で共有することや、いったん改善して心配がなくなったように思える親子についても、定期的に様子を把握していくことが必要です。

数十年前の話になりますが、かつて私が働いていた所でも、虐待による子どもの死を経験しました。10代で親になった若い夫婦が、4歳のそらくん（仮名）という障害のある子どもを育てていました。両親ともに温かい家庭に恵まれず、自分たちの親との関係が悪かったそうです。妊娠がわかったのは母親がまだ高校生、父親が高校を卒業してすぐのアルバイト生活をしていたときでした。予定外の妊娠で、まだ親になるつもりもなかったようですが、早く家を出たかったことが後押しをし、妊娠をきっかけに結婚したようでした。まだ10代で、親自身も遊びたい、自由でいたい気持ちが強く、子育てを自分たちの両親に頼ることもできない状況でした。責任をもって子どもを育てる姿勢が整っておらず、子どもも障害があって手が掛かり、また実家のサポートも得られない状況を危惧した保健センターの保健師が、児童相談所に相談に行くように勧めました。それをきっかけとして私が働く職場の一時預かり保育をしばしば利用するようになったのです。

複数の支援機関とつながることができ、これでひとまず安心と周囲は思っていましたが、心配なことはその後も起きました。自分たちの楽しみを優先し、子どもの体調を無視して遊びに出かけたり、外出先からショートステイへの迎えの時間に大幅に遅刻したりということがしばしばあったのです。子どもを大事に思う気持ちがないわけではないけれど、あまり深く考えて行動することのない幼い態度が気がかりでした。ただ、そんな大人としては幼く思えるような行動がありながらも、支援者の話は素直に聞き、子どもと一緒のときは互いに笑顔があって、子どもに対する愛情も見て取れ、私たちをはじめ関係者は「困ったなぁ」と感じながらも、深刻に強い危機を感じてはいませんでした。

ところがある夏の暑い日、そらくんが死んだ、という知らせが児童相談所から届いたのです。熱中症による死亡でした。その日、親戚の所に急に遊びに行くことになった両親が、すぐに帰るつもりでクーラーもつけていない部屋にそらくんを置いて出かけてしまったのです。８時間後、夜に帰宅したときには、そらくんは意識不明の重体で、救急搬送された病院で亡くなったとのことでした。

今こうして振り返ってみると、いくつも危険要因があったことがわかります。若年での結婚、望まない妊娠、養育に対する責任感のなさ、子どもの障害、親族による育児支援のなさ、社会常識や経験の乏しさなど、いずれも、虐待のリスクファクター（虐待を起こしやすい要因）であり、それが重なって存在しています。そうしたことがわかっていたはずなのに、親とコミュニケーションが取れていると思っていたことや、親子にそれなりの愛情関係が見られたことが、私たち支援者の目を曇らせ、深刻なリスク要因に目を向けられなくなっていたのかもしれません。この当時、まだ児童虐待についての社会の理解は十分ではなく、支援機関の意識や対応も今とは大きく違っていました。この事件のことは大きく取り上げられることもなく、子どもの事故死の一つとして扱われて終わりました。

私たちが後悔することや反省すること、この事例から学ぶことはできますが、失われてしまったそらくんの命は戻ってきません。虐待問題を抱えた親子の肯定的な側面を捉えることは大切ですが、同時に冷静な目で最悪の事態が起きうる可能性を考え、そこを起点として全体のリスクを見積もることが重要であることを、そらくんの事例は教えてくれます。

第2章

児童虐待とは

この章では、
児童虐待とは何かという
基本的な考え方と
それぞれの虐待内容に関する、
基本的な知識について
お話ししていきます。

1 虐待としつけの違い

虐待について話していると、多くの人の「どこまでがしつけで、どこからが虐待かわからない」「自分が子どもにしつけだと思ってやっていることが虐待なのではないかと心配になる」という声を聞きます。また逆に、周りから見ていると、明らかに虐待だと思われる行為でも、親自身は「これはしつけです」と主張する場合もあります。他には、「親が愛情をもって行っていれば、それはしつけだ」と、愛情の有無を虐待としつけの違いの基準としたり、「子どものためにと思って行っていればしつけだ」と、親の子どもに対する思いの有無や意図を基準としたりすることもあります。

ではいったい、虐待とはどのような行為であり、しつけとの違いはどこにあるのでしょうか。

実は、答えはとても簡単なのです。親側の愛情の有無や教育的な意図のあるなしなど、親がどのように考えて行っているのかは、虐待かそうでないかの判断には基本的に関係ありません。子どもの立場で考えてみたとき、親の行為が子どもの心身をひどく傷つけ、成長や発達の妨げになっているとしたら、その行為は虐待なのです。このように、虐待の問題を考えるときには、子どもの立場で親の行為の影響を判断していくことが基本となります。

ここで、大切なことを確認しておきたいと思います。よくある誤解として、「虐待する親は子どもに愛情をもっていない」というものがあります。しかしながら、虐待をしている親も子どもに愛情がないわけではありません。むしろ、実際にはその親なりに子どものことを一生懸命考え、精一杯関わっている場合も多いものです。

ただ、その関わり方が、子どもにとって不適切なものであったり、間違った考え方に基づいた誤ったものであったりするのです。子ども時代、失敗をしたり間違ったことをしたりしたときに、「叱る」「叩く」という方法で育てられてきた親は、子どもが失敗をしたときに自分がされてきたのと同じように「叱る」「叩く」ことが、子どもに対する親の責任であり、適切な子育ての方法だと考えるようになります。そうした親の厳しいしつけや態度があったからこそ、よいことと悪いことの区別がつき、今の自分のようにちゃんと社会の中でやっていける大人に育ったのだ、と自分の育ちを肯定するのが普通です。私の個人的な感覚では、ひどい虐待になればなるほど、自分の行っている行為をしつけだと主張する親が多いような気がしています。

自分の育ちを否定的に振り返ることは、多くの人にとって痛みを伴います。「自分のされてきたことは、子どもの育て方としては不適切なものだった」と認めることは、子ども時代の自分のことを、良質な親の愛情と関わりに恵まれなかった、惨めでかわいそうな存在として捉え直すことになります。これは自己肯定感を揺るがし、大きな無力感を覚えさせるものです。親が子どもの気持ちや子どもの存在よりも、自分自身の感情や都合を優先させるような親子関係の中で育ってきた人は、心の底のどこかに、「親にすら大切にされなかった」「自分のことを一番に優先してもらえなかった」という寂しい思いを抱え、大切にされなかった自分を恥ずかしく思う気持ちが存在しています。「親の関わりが不適切だった」と認めることは、こうした普段は抑圧している自分の気持ちに直面させられるきっかけとなり、また自分の親を否定し、今の自分の存在を否定することにもつながります。

こうした痛みを伴う真実に向き合うよりも、「昔は恨んだけれど、今では感謝している」と、自分の親子関係を肯定的に捉える方が、生きていきやすいものです。「言ってわからなければ殴ってもよい」「厳しくしつけなければ、子どもは一人前に育たない」など、自分の親が自分にしてきた子育ての方法や価値観を同じようにそのまま実践するほうが、自分の育ちを肯定することになります。

そして、昔は親に一方的に殴られたり、圧倒的な力の前に逆らったりすることができなかった無力な自分が、今は力をもち、相手を従わせることができるという快感も、虐待行為の背景には存在します。自分の感情や考えに従って、思い通りに振る舞い、子どもに言うことを聞かせられるということが、不適切な養育を強力に後押しする要因となるのです。子どもに対して虐待的な行為をしてしまう親の心の背景には、子育てやしつけについての誤った認識や自分を肯定したい気持ちだけでなく、こうした権威や権力、つまりパワーをもち、相手を服従させること、相手に対して絶対的な主君として存在することによる、満足感や優越感が存在しています。同時に、自分は力があるのだと感じることで、幼かった頃の自分の無力感や悔しさ、惨めさを埋め合わせ、補償する心理も働いているのだと言えます。

「自分の行為はしつけであって虐待ではない」と主張する親は多くいますが、ほとんどの場合、親は怒りにかられて子どもを叱っていたり、思い通りにならない子どもに対して親自身の感情を制御できなくなったりしているものです。「子どものためにどうするべきか」「どう関わることがしつけとして効果的であるか」という子どもの利益中心の視点や冷静な判断が働くのであれば、殴ったり怒鳴ったりする以外の方法を考え、選択することが可能です。暴力を振るっている場合、こうした冷静な判断は欠落しており、先ほど述べた心理的背景なども加わって、親の感情に任せて虐待的な行為に及んでいるのだと言えるでしょう。

では、本来の「しつけ」とはどのようなものなのでしょうか。

しつけとは、他律から自律へ、行動や規範、道徳心を内面化させることです。簡単に言えば、社会で暮らす多くの人が共有している外側にある望ましい基準を、子ども自身のものにしていくプロセスと言えます。人から言われなくても、他人が見ていてもいなくても、正しい行いができるようになることや、人から強制されなくても、望ましい行動が取れるようになることが、「よくしつけられている」状態です。知っている人に会ったときに、お父さんやお母さんから「ご挨拶しなさい」と言われなくても、たとえ一人でいるときに会ったとしても、きちんと「こんにちは」と挨拶できる子どもが、「よくしつけられている」子どもと言えます。はじめ子どもは、何がよくて何が悪いかといったような、物事の善悪を判断する基準をもっていません。また、自分の欲求や感情をコントロールする力も十分に育っていません。こうした道徳心や良心、物事の善悪の基準をもつことや、欲求や感情をコントロールする方法を親が子どもに与えていくことが「しつけ」だと言えるでしょう。

こうした世の中の善悪や、感情をコントロールする方法を教えていくためにはどうしたらよいでしょうか。それにはまず、親が子どもから、頼りにされ、愛されることが必要です。第4章で詳しくお話をしますが、人が成長していく中で欠くことのできない関係として、「アタッチメント関係」というものがあります。自分の力では生きていくことができない赤ちゃんや子どもは、自分が困ったときには泣くことで、自分の危機状況を知らせ、親を近くに呼び寄せ、お腹が空いたとかウンチで気持ちが悪いとか寂しくて抱っこしてもらいたいなどの、不快な状況を解消してもらいます。こうした関わりが繰り返される中で、親のことをアタッチメント対象として頼りにし、また、こんな風に大切にしてもらえる自分を実感することで、自分が価値ある大切な存在であると実感していきます。このように、人が生きのび、他者やこの世界を信頼し、自分に対する肯定的感情を育んでいく基礎となる他者との強い絆がアタッチメント関係です。

赤ちゃんや子どもは、はじめは自分の感情をコントロールすることができません。お腹が空けば泣くし、寂しければ泣きます。この時期の赤ちゃんは、自分自身で感情を調節する力はほとんど備わっていないので、基本的には親が母乳やミルクを与えたり、抱っこしたりして、子どもの不快な状況を解消してあげることで、感情調節をしていくことになります。少し大きくなって、

「もう帰る時間だから、おもちゃは片づけようね」と言われても、まだ遊びたければ、「やだー!!」とぐずったりすることもあるでしょう。そうしたときには、赤ちゃんのときのように全面的に親が環境を調節してあげることで感情をコントロールするのではなく、優しく抱き寄せたり、穏やかに言い聞かせたりすることで、興奮している子どもの気持ちをなだめ、落ち着かせていきます。このように、子ども自身では調節できない子ども自身の感情を、親が代わりに、あるいは一緒になってコントロールしていくことを通して、子どもは「感情をコントロールする」という体験をし、それが繰り返される中でやがては自分自身の力として気持ちをコントロールすることができるようになるのです。少し専門的な言い方をすると、これを「情動調節」とか「情動制御」の獲得のプロセスと言います。

子どもが社会性や道徳心、良心を獲得していくプロセスにも、親子の間の安定したアタッチメント関係が関わっています。安定したアタッチメント関係を築いている親子間では、子どもの行動や感情の基準は、アタッチメント対象である親になります。子どもがよいと思うこと、自分を誇らしいと思うことは、全てアタッチメント対象である親の反応によるのです。

「大好きなお母さんが、こうすることがいいって言ってた」

「言う通りにしたら、お父さんが褒めてくれた」

お父さんやお母さんのことが大好きだと、子どもは親の言うことを「自分から」聞きたいと思うようになります。そして、大好きなお父さんお母さんから褒められれば、満面の笑みで、その場でぴょんぴょん跳びはねたくなるくらい嬉しくて、自分のことも誇らしく思い、自分自身で自分のことが「よい子だ」と思えるようになります。こうした親を慕う子どもの気持ちと、子どもの欲求を理解し、叶え、子どもの自尊心を満たすような親の働きかけがあることによって、子どもは親の示す「よいこと」を自分自身の規範として、前向きに、自発的に取り入れていこうとします。これが本来の「しつけ」のあり方です。このような肯定的な親子関係に支えられて、子どもは社会性や道徳心を獲得し、しつけられていくのです。

一方で、子どもが親の望まないこと、不適切なことを行ったときに、叱ったり叩いたりする関わりはどうでしょうか。親がひどく叱って子どもをしつけている場合、「親の前ではいい子だけれど、外では悪い子」という姿を見せる子どもが多くいます。やってはいけないことをしたときに、暴力や暴言、大人の威圧的な態度によってその行動をやめさせるということは、外圧（外の力）によるコントロールであり、自発的、内発的、自律的なコントロールにはなっていないからです。怖いからやめる、のではなく、大好きな親が誇りに思ってくれるようなよい子の自分になりたい、という親子の心の絆と愛情関係に裏付けられた行動制御がしつけの基本です。「怒られるのがいやだから…」「叩かれるのが怖いから…」という理由で、親の目の前では言うことを聞くけれど、親がいないところや見ていないところでは言いつけを守らない、というのでは、当然のことながら十分にしつけられているとは言えません。

また、大抵の場合、怒鳴ったり暴力を振るったりする大人の前では、子どもの心は萎縮してしまい、注意されている内容を正しく理解したり、心に深く刻み込むことはできなくなっています。しつけられている内容を自分のものとするためには、子ども自身が、何がいけなかったのか、どうすればよいのかを考えることが必要です。ですが、怒鳴ったり暴力を振るわれたりする中では、苦痛、恐怖、おびえの感情から解離状態になってしまったり、不信、怒りの感情が中心となったりするため、考える心理的ゆとりをなくしています。このように考えると、怒鳴ったり暴力を振るったり、子どもを脅えさせて言うことを聞かせようとしたりするような「力による養育」は、しつけの方法としては非常に効率が悪く、不適切なものであることがわかります。

2　虐待の種類

児童虐待には、4つの種類があります。身体的虐待、ネグレクト、心理的虐待、性的虐待です。第1章でお話しした、子どもの前でドメスティックバイオレンス（ＤＶ）が行われることも、面前ＤＶと言って、心理的虐待に当たります。虐待がある家庭の場合、通常一つだけではなく、複数の虐待が重なり合って生じていることも多いものです。

児童虐待の定義は、子どもが受けている大人からの不適切な対応です。ですから、血のつながりの有無は関係ありません。子どもを保護するべき大人、保護者による行為ですから、実の親からの虐待だけでなく、継父や継母などの親権をもつ者や、子どもを実際に育てている祖父母などの大人からの行為も虐待になりえます。では例えば、きょうだいからの暴力や性加害、保護者の恋人などの家庭に出入りしている大人からの虐待はどうなるのでしょうか。こうした場合は、安全に生活させる責任をもつ大人が、子どもを保護することを怠っていると考えて、ネグレクトという虐待であると考えます。

平成27年度の統計を見ると、最も多いのが心理的虐待で、児童虐待全体の47％と約半数近くを占めます。これは、警察にＤＶの通報があったとき、その場に子どもがいた場合には、児童相談所に通告をすることが徹底されたことが大きく影響しています。次に多いのが身体的虐待で28％、ネグレクトが24％、そして性的虐待が1％という割合になっています。

次に、一つ一つの虐待について説明していきます。

（1）身体的虐待

まずは身体的虐待です。身体的虐待は文字通り、子どもの体に怪我をさせたり、その恐れがある行為を行ったりすることを言います。殴る、蹴る、投げる、ひもで縛る、やけどをさせる、たばこの火を押しつける、戸外に閉め出す、無理矢理食事をさせるなどがあります。身体的虐待は、あざができたり怪我をしたり、虐待の結果が目に見える形で残るため、発見されやすいのが特徴です。子どもに対するどのような行為を虐待と見なすかは、その国の文化や社会状況に伴う子どもの権利や児童虐待に関する意識の高さによって異なりますが、児童虐待に対して感度の低い「虐待対応後進国」においても、最初に虐待と認識される虐待です。

身体的虐待は、児童虐待の発見に大きく関わっています。アメリカでは、日本よりもずっと以前から児童虐待の問題に取り組んできましたが、そのアメリカで人々が児童虐待に注目することになった最初の事件が、１８７４年にあった「メアリー・エレン・ウィルソン事件」で、里親家庭で暮らしていたメアリーという8歳になる少女が、里母から殴打されるなどのひどい虐待を受けていたというものです。その当時は虐待を受けた子どもを保護する法律がなく、動物虐待防止協会の協力を得て、ようやくメアリーを救い出すことができました。

メアリーの事件を契機に、ニューヨーク児童虐待防止協会が設立され、子どもたちが虐待から保護されるようになりました。その後、コロラド大学医学部のヘンリー・ケンプ博士が、60年ほど前に「バタード・チャイルド・シンドローム」（殴打された子ども症候群）という言葉を使い、身体的虐待を受けている子どもたちの存在を社会に大きく伝えました。今でもコロラド大学にはケンプセンターという児童虐待専門の研究機関があり、そのホールには白衣を着たケンプ博士が虐待を受けて怪我をしている子どもを抱きしめている写真が大きく飾られています。一九七〇年代に入り、アメリカでは身体的虐待以外のネグレクトや心理的虐待も児童虐待として認識されるようになり、性的虐待もあることが気づかれるようになりました。

日本では、一九七〇年代にケンプ博士のバタード・チャイルド・シンドロームが紹介されたものの、児童虐待への関心は一九八〇年代に入ってからようやく高まり始め、それから約40年後の現在に至ります。身体的虐待は発見されやすいと言いましたが、特に年齢の低い子どもにとっては、死へとつながる危険性もある虐待です。幼稚園や保育園、小学校などに通うようになれば、外の人の目にも触れやすく、発見されやすいと言えますが、家で過ごす時間がほとんどとなる乳幼児の頃は違います。特に、頭部、顔への外傷がある場合は要注意です。頭部への身体的虐待は、重大な怪我につながる危険性があること、そして顔への暴力があるということは、虐待をする側が感情的になっていて、気持ちの抑えが利かなくなっていることの証であることが多いからです。

また、虐待があるとわかっている家庭の子どもが長期間欠席をするなどの場合も要注意です。傷やあざがあるために、子どものことを外に出せずに、親が学校や園を休ませている場合もあるからです。以前、私の家の近所で、親から虐待を受けた子どもが死亡するということがありました。幼稚園を何日も欠席し、心配した幼稚園の先生が家庭を訪問したものの「風邪を引いているから」と子どもに会わせてもらえず、その数日後に子どもは亡くなりました。もし周囲の人が、虐待を受けている子どもが1日以上休んでいる場合は関係機関と必ず連絡を取ること、そして必ず子どもの安全を直接確認することといった、虐待対応に関する基本的知識をもっていれば、子どもの死は防げたかもしれません。この事件はニュースを通して知ったのですが、今でも折に触れて思い出され、子どもと関わる職業に就く人々に虐待対応の基本をしっかり伝えなければならないという思いを強くする出来事となっています。

⑵ ネグレクト

ネグレクトとは、保護者として子どもを守り、衣食住などの基本的な養育を著しく怠ることを言います。幼い子どもを一人で放置する、食事を与えない、お風呂に入れないなどのように世話をしないこと、そして子どもにとって必要な情緒的欲求に応えない、スキンシップや愛情を与えないことがネグレクトに当たります。

こうした典型的なネグレクト以外に、保育や教育の現場でよく出合うネグレクトもあります。保育園や幼稚園の登園時間を守らないため、子どもが園での活動リズムや集団生活にスムーズに参加できない、朝、子どものことを起こさない、朝食を食べさせないなど、子どもが毎日学校や園に通い、活動や学習に集中して取り組めるような支援をしないことです。子どもを大切に思い、可能な限り成長を支えたいと思っている教師や保育士にとっては、こうしたことのせいで、子どもの学校や園での活動が妨げられるのはとても辛いことです。保護者の目に触れない学校生活や園生活の中で、子どもがどんな不都合を体験しているかを何度丁寧に伝えても改善されず、歯がゆい思いをします。

他にも、行事に参加させない、給食費や修学旅行費、教材費などの支払いをしない、学校に行くことを禁止するなどもあります。こうしたことが続くと、子どもは学校に行く意欲をなくしたり投げやりになったり、学校で不適応を起こしたりし、場合によっては不登校へとつながることもあります。また、親が子どもを学校に通わせることに意義を感じず、子どもが学校に行かなくても放置していたり、親自身が学校や関係機関との関わりを拒否したりすることもあります。子どもが不登校でも親が登校に向けての努力をしないばかりか、関係者からの子どもへの働きかけを拒否する場合すらあります。こうした親の態度は、教育的ネグレクトと言うことができます。

これ以外にも、例えばアトピーなどがあって、保湿や食事制限、代替食などが必要であっても、そうした医療ケアや配慮を保護者がしっかり行わないために、疾患がなかなか改善されず子どもが辛い思いをしていることがあります。具合が悪くなっても病院に行かせないなどのことも、医療的ネグレクトと言えます。

子どもが幼児の場合、歯磨きなどの口腔ケアを怠ったり、また規則正しい食事を与えなかったり、好きなときに好きなだけスナックや菓子、食事をとらせているせいで、歯が虫歯だらけになることもあります。ひどい場合は、多発性う蝕《しょく》と言って、乳歯が全て溶けてなくなってしまう子どももいます。こうなると、後に控えている永久歯にも影響が出て、歯並びが悪くなったり、虫歯になりやすくなったりします。ネグレクトと歯の関係は最近注目されるようになり、虐待の早期発見に歯科医も尽力してくれるようになってきています。

また、32ページですでに説明しましたが、他の大人からの虐待行為を放置することもネグレクトに当たります。例えば、DVがある家庭では、同時に子どもへの暴力があることも多いのですが、母親が父親からの暴力を恐れて子どもへの虐待を止められない場合、子どもは父親から身体的虐待を、母親からはネグレクトを受けていることになります。

性的虐待はネグレクト家庭でより起きやすいと言えます。子どものことを親がしっかりと見守る姿勢がないためです。また、親が子どもに関心を向け関わることが少ないため、子どもは人との関わりを求める傾向が強くなることから、人懐っこく大人に近づいていくようになります。そのため、外で子どもを性的対象とする大人と遭遇した場合や、その家庭にそうした大人が出入りしている場合、被害に遭うリスクが高くなります。他にも、親が子どもに関心を向けないため、家族の間の責任感や道徳的、倫理的感覚が希薄になり、きょうだい間に性加害行為が起き、長期間にわたり発見されないなどのこともあります。こうした場合、子どもが受ける心理的被害は、ネグレクトと性的虐待を併せもち、大変深刻なものとなります。

ネグレクトと言うと、積極的な加害行為に及ぶわけではないので、子どもが受ける心理的被害は他の虐待行為に比べて少ないのではないかと考えるかもしれませんが、そうではありません。研究によっては、大人から関心を向けられず放置されているネグレクトのほうが、不適切でも身体的な接触が保たれている身体的虐待よりも、心理的被害は大きいという結果もあるくらいです。子どもは大人からの愛情や関わりを支えに生きていく存在です。そうした関心を向けられないことや、関わりがないことは、植物に水や栄養が与えられないのと同じように、子どもの心を枯らしてしまうことにつながるのです。

（3）心理的虐待

心理的虐待とは、著しい心理的外傷を与える言動を子どもに対して行うことを言います。例えば、「殺してやる」「生きている価値がない」など、子どもの存在を否定するような暴言を吐くことや、無視をしたり、きょうだい間で差別したりすることは心理的虐待に当たります。

すでに述べましたが、面前ＤＶと言って、子どもの前で同居する保護者間で暴力が繰り広げられることも、心理的虐待に当たります。

ＤＶ（ドメスティックバイオレンス）によって暴力を目撃することは、子どもの心に深い傷を残します。ＤＶは男性から女性に行われることが95％以上と圧倒的に多く、子どもの目の前で母親が父親に暴力を振るわれることは、子どもにとって深いトラウマ体験となります。子どもにとって多くの場合、親はアタッチメント対象として子どもに安心を与える源となっています。自分が不安なときに保護を求め頼るべき存在が攻撃され、安全を脅かされることは、子どもにとって自分自身の安心と安全が脅かされることと同じです。

また、ＤＶがある家庭では、子どもは様々な心理的葛藤を抱えることになります。ＤＶにも児童虐待と同じく、身体的暴力から精神的暴力、性的暴力、経済的暴力、そして社会的隔離と様々な種類があります。例えば、父親が母親のことを子どもの前であざけりバカにするような、精神的暴力を行っていたとします。「おまえのつくったメシはまずい」「主婦失格だ」「人間失格だ」などと罵っている最中に、子どもはどのような態度を取ることが正解でしょうか。父親のことを無視したり、母親の味方になって反論したりすれば、自分に今度はその暴力の矛先が向かうかもしれませんし、こうした反抗的な態度を「母親の育て方のせい」と一層母親を責めたてる材料にして、暴力がエスカレートするかもしれません。では、父親に迎合して、一緒になって母親をけなすことが正しいのでしょうか。確かにそれで父親の機嫌はよくなり、自分に被害は及ばないかもしれませんが、自分の身を守るために虐待者へ同一化することは、母親への裏切りと感じられ、強い罪障感をもつことになります。このように、ＤＶがある家庭の中では、子どもがどのような態度を取っても強い不安や葛藤、時には暴力そのものから逃れることができなくなるのです。

（４）性的虐待

性的虐待とは、子どもにわいせつな行為をすることやさせることを言います。子どもの発達や年齢にそぐわない、過度の性的刺激にさらすこと全てを指します。いわゆる性器性交などの性的行為の強要だけでなく、子どもの身体を性的な意図をもって触ったり、性器を触ったり、虐待者の身体や性器を触らせる、見せる、ポルノグラフィーの対象とするなどが含まれます。また、両親の性交場面を見せることなども、子どもを年齢にそぐわない過度の性的刺激にさらすことになりますから、性的虐待と言えます。性的虐待と言うと、女児のみが対象のように思うかもしれませんが、男児も対象となり、被害を受けることがあります。性的虐待は、把握されている件数は氷山の一角で、実際にはより数が多いと考えられています。

一つには、家庭内の、人に見られていない所で行われ、子どもの体験が外から把握されにくいため、表面化しにくいということがあります。例えば、お風呂に入ったときに子どもの性器を触るなどの虐待行為が小さな頃から継続して行われている場合、そうした行為が性的行為であることや、不適切であるという認識は、子どもの中に育ちにくくなります。家庭の中の「当たり前のこと」として、存在する場合があるのです。こうした場合、子どもが思春期を迎えて性に対する敏感さが高まるなど、かなり大きくなって初めておかしさに気づくことになります。また、そうした感覚が育っていても、性的なことであるがゆえに、他の大人に訴えにくいということもあります。

周囲の大人にも、性的虐待に対する抵抗感が存在します。仮に疑いを感じても、「まさか」と思う気持ちが働き、援助者ですら否認の心理が働いてなかなか発見ができなかったり、対応が鈍くなったりすることがあると言われています。

他の虐待が理由で子どもが児童相談所に保護されたり、施設で生活したりするようになってから、性的虐待の事実が明らかになることもあります。安全な場所で生活するようになって初めて自分の被害を訴えることができたり、あるいは、「性化行動」と呼ばれるような、性被害に由来するトラウマ反応を子どもが起こすことで、性的虐待の被害が周囲に理解されたりします。

「性化行動」とは、子どもの性的な言動として現れる、トラウマ症状の一つです。例えば、子どもが普通の生活の中で知るとは思えない性器の俗称や性的行為を表す言葉を連呼したり、性行為の動きの真似事をしていたり、他人の胸や股間などを触ってきたり、子どもらしからぬ魅惑的な振る舞いや仕草をしたりすることです。子ども同士の性行為もあります。女の子などは、下着が見えるのに足を広げて座ったり、肌が露出するような洋服の着方をしたりするなど、無防備な振る舞いをすることもあります。

性的虐待の特徴として、父母、異父母から虐待行為が行われる以外にも、祖父、叔父など同居する親族からのものや、家庭に出入りする大人、きょうだいによる場合も多いことが挙げられます。前にも述べたように、保護者による虐待でなければ、厳密には性的虐待とは見なされずにネグレクトと区分されますが、子どもが受ける心理的被害の内容としては、性的虐待と変わりありません。

性的虐待でしばしば起きることとして、父親や継父など、母親のパートナーに当たる男性が性的虐待を行っている場合、母親が性的虐待の事実を信じなかったり、理解はしても同居を続けたりして、子どもを守る側についてくれないことがあります。性的虐待で児童相談所が介入し一時保護した場合、加害親と同居する環境に子どもを返すわけにはいきません。加害親が性加害の事実を否定しているような場合はなおさらです。虐待していないほうの親が子どもを選んで家を出るか、あるいは加害親が家を出るか、いずれかの環境が整わなければ、子どもは家庭に戻ることができないのです。そうした態度を虐待を加えていない親が取ってくれない場合、加害親は生活を変えずにそのまま暮らし、被害を受けた子どもが結果的に家を出される形になります。家族と離れ、学校を変わり、施設で生活することを余儀なくされるのです。生活上の変化だけでなく、心理的ダメージも甚大です。性的虐待の心理的被害に加え、もう片方の親にも見捨てられ、誰も味方になってくれず、家族との絆を全て喪失してしまうのです。性的虐待を受けた子どもの話を聞いていると、性的虐待を受けたダメージ以上に、自分を守り味方になってくれなかった親に対する恨みや悲しみ、苦痛のほうが一層強いのではないかと感じることもあります。性的虐待は、性被害によるトラウマだけでなく、ネグレクトや心理的虐待、性被害の内容によっては身体的虐待などの、全ての心理被害の要素を併せもつと言えるでしょう。

中には、こうした辛さに耐えられず、被害があったという訴え自体を撤回してしまう子どももいます。しかし、いったん開示した性的虐待の事実を撤回してしまうと、その後の支援や子どもの暮らしは一層困難を極めるものとなります。子どもにとっては、一度は性的虐待の事実を公表し、家族の「裏切り者」となった自分が、再び家族の一員として認められるよう生活していかなくてはならないのです。この再適応のプロセスの中で、子どもの立場は一層弱く肩身の狭いものとなります。以前よりも「ノー」が言いにくく、その弱みにつけ込み、再び虐待行為が起きないとは言いきれません。また、力になってくれた周囲の人を裏切ってしまったという思いから、その後に再度被害を受けても助けを求めにくくなります。

性的虐待は、児童虐待の中でも最も発見されにくく、対応の難しい虐待の一つと言われています。誰にも言えずに家庭の中で被害を受け続けている子どもや、どこかおかしいと思いながらも行為を受け続けている子ども、施設や児童相談所で家族から切り離され一人で暮らすよりマシと考えて耐え続けている子どもが存在します。海外の性的虐待の数は、全虐待の中の7～13％ほどを占めると言われています。そう考えると、日本の性的虐待の1％というのは、明らかに少なすぎると言えます。こうした、実際にはより多く存在しているはずの性的虐待の発見がなされるようになること、おかしな言い方かもしれませんが、性的虐待の発見件数が増えることが、児童虐待の対応が進んできた一つの証と見ることもできるでしょう。

3　特殊な虐待

以上に挙げてきた以外にも、次のような特殊な虐待があります。

その一つは、「シェイクンベイビーシンドローム（SBS）」と呼ばれるものです。日本語では、揺さぶられっ子症候群、と言われたりします。身体的虐待の一つになりますが、乳児のことを揺さぶることで、頭蓋内出血や脳挫傷、頸椎の骨折などが引き起こされる、大変危険な虐待です。泣き止まない赤ちゃんなどにイライラして、身体を激しく揺さぶることによって起きます。乳児は頭蓋内に隙間が多く、激しく揺さぶられることで脳組織が移動し、脳内の血管が切れてしまったり、頭蓋内出血や脳挫傷へとつながってしまったりします。その結果は深刻で、生まれたときは健康で何も問題のなかった赤ちゃんが、生涯残る知的、身体的発達の障害をもつことになったり、寝たきりのいわゆる重症心身障害児となってしまったり、最悪の場合は死亡したりすることもあります。

もう一つは、「代理によるミュンヒハウゼン症候群（MSBP）」という虐待です。これは、子どもを病気にして、献身的に子どもの面倒を見ることで親が自分の心の安定を図るという虐待です。虐待者は母親が多いと言われ、医療者が様々な検査や治療が子どもに必要であると考えるような虚偽の症状を訴えたり、巧妙に症状をねつ造したりします。ミュンヒハウゼンという単語は、『ほら吹き男爵』のモデルであるドイツのミュンヒハウゼン男爵（一七二〇～一七九七）に由来しています。「代理によるミュンヒハウゼン症候群」の「代理」は、自分が病気の振りをするのではなく、自分の代理である子どもを病気に仕立てる、という意味合いです。

代理によるミュンヒハウゼン症候群には、次の二つのタイプがあります。

一つ目のタイプは、嘘の症状を申告する、というものです。例えば、夜になると発熱する、寝ているときに咳が止まらない、家でてんかんのような発作を起こした、話していると急に眼球が反転することがある、などです。あるいは病院などでも、体温計を操作して高熱のように見せかけたり、検査のために採った子どもの尿に自分の血液などを混ぜて検査結果をねつ造したりします。むち打ちなど、実際にあった怪我や症状をきっかけに、それが治っているにもかかわらず改善していない、と訴えることもあります。子どもに対して実際に害を加えるのではなく、存在しない症状だけを訴えるものです。子どもの診療、特にまだ言語により的確に自分の状態を伝えることができない乳児や幼児の症状については、基本的には保護者の申告に基づいて検査や治療は行われます。多くの医療者をはじめとした大人にとって、親がわざわざ嘘の申告をするとは想定していないでしょう。子どもと一緒に一番長い時間を過ごしているのは親であり、症状は家庭で見られることが多いため、虐待者以外にはその症状を確認できないことも多いものです。そのため、医療者が保護者の訴えを信じ、子どもは必要のない検査や治療を受けることになります。

もう一つのタイプは、実際に子どもの身体に危害を加え、症状をつくり出すものです。子どもに下剤などの薬物を飲ませたり、食べ物に毒性のあるものを混ぜたり、窒息させるなどの危害を加え、不調や病的状態をつくり出し、それを症状として訴えるのです。子どもにとっては、身体的虐待でもあり、不必要な検査や治療を受けることになります。

虐待者の目的は、子どもを苦しめることにあるのではなく、大変な症状をもつ子どもを献身的に看護する健気でかわいそうな母親として、周囲の人からねぎらわれたり、賞賛されたり、注目を集めたりすることにあります。そのため、自分が満足できる結果が出て処置をしてもらえるまで、あるいは満足する注目が得られるまで、子どもの詐病の状態をつくり続けることになります。子どもにとっては、必要のない検査を受け続けたり、原因がわからないため、どんどん侵襲性が高く負担の大きな検査や治療を受け続けたりすることになります。子どもを繰り返し受診させる中で医療的知識を蓄え、行為がエスカレートしていくこともあります。虐待者が満足しないと、加害行為と子どもの症状がどんどん重篤になる事態も起こるため、早期発見と早期介入が重要だと言えます。

一般的に、医師をはじめ周囲の大人は、親が嘘をついたり危害を加えたりして子どもの具合を悪くするなど、思ってもみないと思います。また、一見、このような親は、子どもの治療に対して大変熱心で、医療者とも積極的にコミュニケーションを取る、よい保護者に見えることも少なくありません。

代理によるミュンヒハウゼン症候群は、虐待者と分離することで子どもの症状が治まることも多いのですが、この虐待についての知識があり、疑って事態を検討することをしないと、見抜けない場合がほとんどです。保育や学校現場ではあまり出合うことのない虐待かもしれませんが、この虐待により子どもが受ける身体的ダメージや心理的被害は大きく、このような虐待行為があることを知識の一つとして理解しておいてもらいたいと思います。

第3章

児童虐待が起きる理由

この章では、
児童虐待が発生する
要因についてお話ししていきます。
虐待が発生する構造、そして保護者、子ども、
環境の要因について見ていきながら、
虐待の世代間連鎖と
予防に関わる要因についてお話しします。

1　児童虐待という問題が発生する構造

児童虐待という問題がなぜ起きるか、そして予防していくためには何が必要かを考えていく上で大切なことが二つあります。

一つは、「児童虐待」という行為が、親の性格や子どもの性格、社会的要因など、一つの要因だけで起きる問題だと捉えないことです。特に、虐待するのは全て親の問題であると捉えることは誤りです。

もう一つは、特別な一部の親だけが起こす問題であると捉えないことです。虐待は、例えば、虐待を受けた経験があったり、人格的な大きな偏りがあったり、子どものことを愛していないなど、いわゆる「普通とは違う人が起こす問題」であると考えることは間違いです。今は問題のない子育てをしている親も、様々な状況の変化によって、不適切な子育てに陥る危険性は常にあると言えます。

親であれば誰しも、自分がイライラしているときや忙しいとき、疲れているときなどには、普段なら怒らない子どもの言動に怒りを覚えたり、つい声を荒らげてしまったりした経験があるのではないでしょうか。このように、生活上のストレスがあったり、感情的に不安になることが生じたりすると、親は子どもに対して穏やかに関われなくなります。離婚や失業、経済的不安、家族関係の悪化、親自身の病気、子どもの病気、今まで子育てを手伝ってくれた祖父母の病気や介護など、生活上のストレスやそれに伴う感情のゆとりの喪失によって、虐待発生のリスクも変わってくるのです。

例えば、専業主婦として精神的にも経済的にも安定した中で子どもを育てていた女性が、離婚や死別などのために、一人で子どもを育てていかなければならなくなったとします。収入を得るために働かなければならなくなりますが、フルタイムでの再就職自体が難しく、また仕事を得ることができても以前より少ない収入で生活していかねばならないことが多いでしょう。フルタイムの職に就くことができなければ、パートタイムの職で低賃金に留まるか、あるいはパートタイムの職を掛けもちして長時間労働をしなくてはなりません。そして、このように親が長時間外で働くと、学校や園で必要な物を揃えたり、勉強を教えたり、一緒に遊んだりといった、親として子どもと関わり共に過ごす時間が十分にもてなくなっていきます。同時に、食事を作ったり住まいを快適に整えたりといった家事も、それまでと同じようにはできなくなるでしょう。シングルマザーの貧困として、よく経済的な問題が取り上げられていますが、実は経済的側面だけでなくこうした関係における貧困化や生活の質の貧困化も、大きな問題として存在しています。親子の情緒的交流や、母親が子どもと過ごす時間が奪われるのです。

こうした状況の中、以前は感情的に怒ることが少なかった母親も、経済的に不安定になり、収入に関する心配事が増え、子どもと関わったり家事をしたりする時間的ゆとりがなくなり、子育

問題のない子育てから虐待死まで

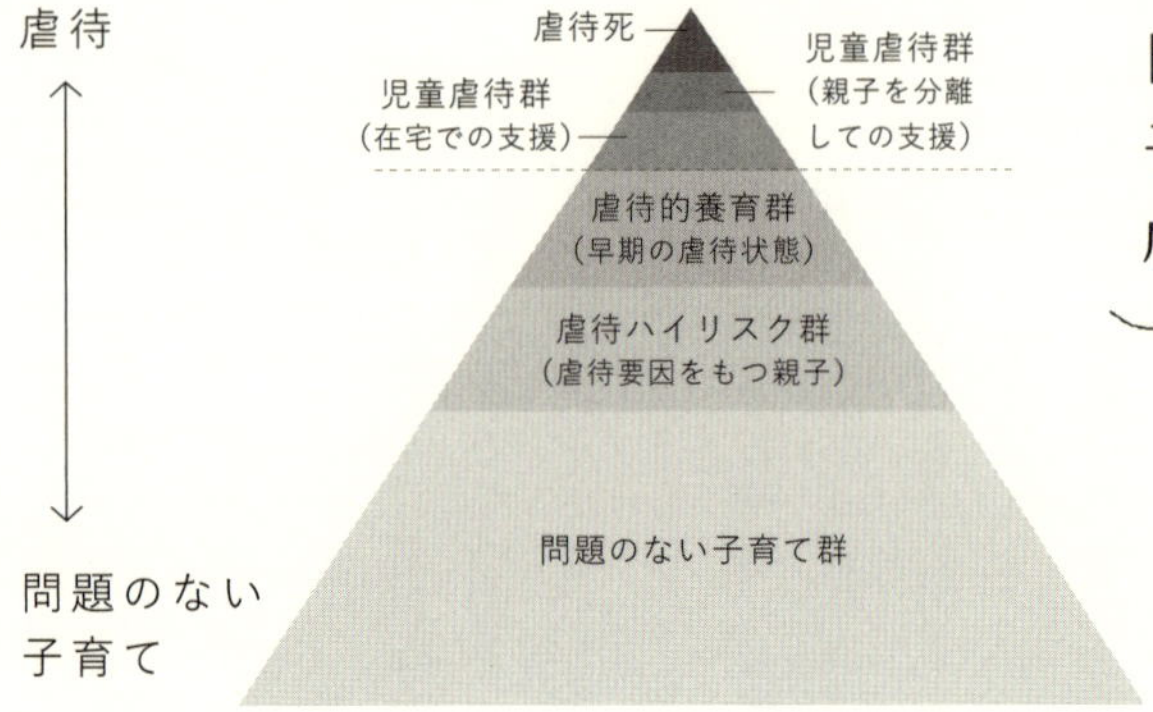

てについて相談する相手もいなくなれば、不安が高まりいつもイライラしたり、感情的に子どもに当たるようになったりしても不思議ではないでしょう。

このように子育ての質というのは、親の問題だけで決まるのではなく、その他の様々な要素が絡み合って変化していきます。過去に虐待を受けて大人になった親でも、配偶者に恵まれ、子育ての支援を十分受けることができ、心の傷がケアされることで、虐待的な養育を行わずによい親として適切な子育てができる人はたくさんいます。親の要因、子どもの要因、社会の要因など、様々な要因が作用して、虐待のリスクが高まったり、逆にリスクが高くても虐待をせずによい子育てができたりするのです。このように、虐待へとつながることを予防するよい条件や補償要因についても、目を向けていくことが大切です。

問題のない子育てから虐待死までは、上の図にあるようにひと続きの問題と言えます。親子の状態や虐待の深刻度がどの位置になるかは、親子の身体的状況、精神的状況、置かれた社会的環境、家庭の経済状況など、様々な要因が複雑に絡み合って動いていきます。

虐待が発生するリスクは、大きく分けると、保護者の要因、子どもの要因、養育環境の要因、社会の要因があります。社会の要因については第1章に詳しく述べましたが、核家族化により子育てを担う大人の数が少なくなったことや、コミュニティの中の子育てネットワークの弱体化、希薄化、少子化に伴う子育てに関する経験値の低下、日本社会の中の子育てに対する意識の低さ、そして経済的不況などが挙げられます。その他のそれぞれの要因についても詳しく見ていきましょう。

2　保護者の要因

保護者が要因となる虐待には、妊娠、出産、育児の中で発生するものと、保護者自身の性格の問題、そして精神疾患や病気などの不健康さから生じるものがあります。

望まない妊娠や10代での若年の妊娠などにより、妊娠自体を受け入れることが難しいと、生まれた子どもに関心がもてなかったり、拒否的な気持ちを抱いたりなど、子どもをうまく育てられないことにつながる場合があります。また、望んだ妊娠であったとしても、妊娠中に胎児の病気や障害がわかったり、妊娠のために長期入院をすることになったり、夫婦関係が悪くなったりすることで、子どもを受け入れる気持ちに影響が出ることもあります。また、これは子どもの側の要因でもありますが、未熟児での出産や妊娠・出産時のトラブルで子どもや親が長期入院し、出産直後から長期にわたり親子が引き離され、親子のアタッチメント形成がうまくいかない場合があります。その結果、子どもがかわいいと思えなかったり、関心をもてなかったり、拒否的になったりすることも起きます。

いわゆる周産期と呼ばれる、妊娠・出産・産後の時期の女性の心は、とてもデリケートなものです。ホルモンバランスの大きな変動による精神的な変化に加え、子ども時代の親子関係にまつわる心理的葛藤が再燃する時期であるとも言われています。マタニティブルーズと呼ばれる、産後3～10日に発症する涙もろさや憂鬱、不安、集中力低下などの一過性の軽いうつ状態は、全体の30％の女性が経験すると言われ、より深刻な産後うつも10％程度の女性が経験すると言われています。こうしたデリケートな時期に周囲からのサポートが得られなかったり、もともと不安定な精神状態の中で周産期を迎えたりすることが、母親と子どもとの良好な関係形成を阻害してしまうのです。

保護者のもともとの性格も、虐待が発生する理由と関係しています。性格が攻撃的であったり、衝動的であったりすると、感情コントロールが悪くなります。特に怒りの感情のコントロールが悪い場合に、虐待につながりやすいと言われています。他にも、医療につながっていない精神疾患や、知的障害、慢性疾患、アルコール依存や薬物依存などの嗜癖の問題がある場合も、感情をコントロールしたり、適切な養育行動が取れなかったりしやすいと言えます。年齢が若かったり、保護者が未成熟であったりする場合は、育児に対する不安やストレスが蓄積しやすいため、より手厚いサポートが必要です。

3　子どもの要因

親子の関係は相互的なものであり、子どもによって親の対応も異なってきます。例えば、子どもが何人かいたとしても、全員が虐待を受けるわけではなく、同じ親から虐待を受ける子どもと受けない子どもがいることもあります。

ここではっきりと言っておきたいのは、虐待が生じるのは決して子どもの責任ではありません。しかしながら、親子の相性や子どもを育てる際の負担の違いによって、虐待が起きてしまうことがあるということです。

虐待発生につながりやすい子どもの側のリスク要因としては、乳幼児期で子どもの世話に手が掛かること、未熟児で生まれたり障害があったりしたために育てるのに様々な大変さがあることなどが挙げられます。心理的な面においても、未熟児で生まれた場合には、親に「こんな辛い、大変な思いをさせてしまった」「元気に産んであげられなかった」などの、子どもに対する自責の念や葛藤、不安が存在することがあります。そのことが、余裕のない育児や子どもと関わるときの辛さ、子どもへの拒否感情につながることがあります。先に述べたようにＮＩＣＵ（新生児集中治療室）などで長期分離を余儀なくされることが親の子どもに対する愛着を阻害したりする場合もあります。慢性疾患や障害がある場合も同様です。医療的ケアを受けなくてはならないために、様々なスキンシップをもったり、目と目を合わせて気持ちを通い合わせたり、一緒に過ごしたりする時間が少なくなり、物理的な接触が十分にもてないことで、親子のアタッチメント形成が妨げられることもあります。

発達の偏りがあると、子どもを育てる際の負担は大きくなります。自閉症スペクトラム障害（注）のように、社会性の発達や感情の理解に問題がある場合、「同じものを見て同じ感情を分かち合う」という情緒的なやりとりが親子の間で成立しにくくなったり、目と目を見つめ合って同じ気持ちを感じ合うといったような体験がもちにくかったり、親が子どもの感情を読み取りにくかったりして、保護者が子どもとの情緒的つながりを築きにくいことがあります。子どもを抱っこするとのけぞったり、落ち着くどころかかえって機嫌が悪くなり泣き叫んだり、身体を触ると嫌そうにしたりするなど、子どもが身体接触を嫌がると、親は落ち込みます。自分の子どもへの関わりを拒否されることによる傷つきや怒り、頑張って関わっても子どもの機嫌がよくならないことから来る無力感や自信喪失などが、よい親子関係の成立を妨げることにつながります。

また、子どもにＡＤＨＤ（注意欠陥・多動性障害）と言われるような注意の欠陥や多動性がある場合も、子育ての負担はうんと大きくなります。様々な症状がありますが、何かをしたいという気持ちや衝動が強いため、我慢する気持ちがそれに追いつかず、じっと落ち着いていられない、興味を引かれるものに突進してしまう、衝動的に行動してしまいそれが暴言や暴力につながってしまう、忘れ物が多い、ぼんやりしている、などの行動として現れます。

例えばこういう子どもと一緒にスーパーに買い物に行ったりすると、親は大変です。子どもは関心のある物の所にパッと駆けていってしまうため、急にいなくなったり、あちこち走り回ったりする子どもを追い掛け回すことになり、落ち着いて買い物をすることもできません。また、欲しい物があると「買って！」と大騒ぎして、言い聞かせてもなかなか言うことを聞いてくれないようなこともあります。

こうした子どもの姿は、一見すると周囲の人からは「しつけがなっていない子ども」に見えます。親の子育てが悪いせいと見られてしまうのです。子どもを連れて外出するだけでも大変でいろいろな苦労があるのに、通りすがりの人から「しつけがなっていないわね」と言われたり、お店の人から注意を受けたりするようなことがあれば、親は大きく傷ついたり、怒りを覚えたりすることもあるでしょう。そしてその感情が子どもに向かってしまうこともあります。

そのため、行動上の問題のない子どもであれば普通に育てられる力をもっている親が、手の掛かる子どもをもったばかりに、怒ったときに子どもを叩いてしまうなど、時には虐待に近い関わりをしてしまうことも十分起こりえます。

このように、何らかの発達障害があることによって、親の子育ての負担はずいぶんと大きくなります。育てることに通常以上の困難が伴うのです。そして、それはしばしば学校や園など、子どもが子どもとしての社会生活を過ごす場との関わりの中で、一層大きくなることがあります。

友達関係の中でトラブルが起きた、学校や園でその年齢なりに求められる社会行動が十分にとれない……こうした子どもの育ちの中での様々なトラブルに、親は一つ一つ対応していかなくてはならないのです。

例えば、喧嘩をして友達に手を出してしまった場合は、子どもの保護者として相手の親に謝ったりすることが必要となる場合もあるでしょう。そうしたことが繰り返されることは、被害を受ける側が困るのはもちろんですが、謝る側の親にとっても大きなストレスとなります。子どものことを放置しているわけでもなければ、その都度しっかりと言い聞かせ、指導し、親としての務めを果たしていても、衝動性が強すぎてコントロールできない子どもの特性により、同じことが繰り返されてしまうのです。

同じことが何度も起きると、「親がしっかりしていないから」「きちんと対応しているのか」と、子どものことで苦情を受けるだけでなく、親自身が批判されることも起きてきます。ひょっとすると、他の親以上に子どもに関わり、頑張っているかもしれないのに、他の保護者からの冷たい目や、責められているように感じるプレッシャーに耐えなくてはならないのです。学校や園からも、こうした子どものトラブルについて、しょっちゅう連絡を受けることになり、教師や保育士に声を掛けられるだけで「また何かしたのだろうか」と動揺し構えてしまったり、学校からの電話が怖くなったりします。やがて学校や園との関わりをストレスに感じ、避けるようになってしまうこともあります。

他にもあります。特に小学校低学年の頃は、子どもは一人で学校生活に必要な持ち物の準備や宿題などの課題をこなすことはできません。学校も保護者がこうした学校生活の営みに必要な配慮をすることを前提として学校教育を行っている側面もあると思います。しかしながら、子どもが学校での配付物をきちんと家に持ち帰らなかったり、なくしてしまったりすれば、どんなに保護者が頑張っても宿題や忘れ物をなくすことはできません。また、きちんと持たせて家を出しても、学校で出すことを忘れる場合もよくあるものです。こうなると、親としてはお手上げです。

必要な配慮をしようと努力していても、子どもの特性のために忘れ物や紛失物が次々と生じ、いっこうにそれがなくならないと、親も徒労感を覚え、きちんとやらない子どもに怒りを感じることがあります。それにもかかわらず、「子どもの面倒をちゃんと見てください」「家庭の責任です」などと教師から言われてしまうようなことがあれば、親としてはやりきれなくなって、子どもの学校のことに関わる気持ちが失せてしまっても仕方がないかもしれませんし、子どものことをきつく叱ったり感情的に叱ったりするようになることも起きうるでしょう。

保護者が自分なりに頑張っても、子どもの状態が思うようによくならない、トラブルがなくならないことで、「親としての育ち」に否定的な影響が出ると言えます。親としての自信や、自己肯定感が育ちにくく、どんどん自信が失われていきます。子どもに問題があるのは、親としての自分がダメなせいだと感じ、教師や他の保護者からの指摘や意見が、自分自身に対する批判や指摘であるように感じられてしまいます。こうなると、子どもと関わること自体や子どもを取り巻く環境と関わることが辛く感じられ、子どもに対する関心を失ったり、必要な世話をしなくなったり、親が自分自身の傷つきから自分を守るために子どもに当たるようなことが起きてきます。

障害や疾病などがなくても、かんしゃくが強い、過敏だ、なかなか泣きやまないなど、持って生まれた子どもの気質が、親の養育の負担となることもあります。いわゆる手の掛かる子、育てにくい子と言われたりしますが、親にとって付き合いにくい子どもと言えます。子どもと親の気質とが大きく異なり、それが関わりづらさにつながることもあります。他にも、別れた夫や姑などの嫌いな人に似ていることなどが、親子関係に影を落とすこともあります。

このように、誰の責任でもないのですが、これらの障害や疾病、その親にとっての育てにくさなどがあると、子育てにおけるストレスや負担は大きくなります。身体的なものだけでなく、心理的エネルギーの負担も大きくなります。子どもをもつまでに自分が抱いていた「理想の子ども」とは違う子どもの姿や、イメージしていた子育てとの違いに、「こんなはずではなかった」「この子のせいで」と、怒りを感じたり、拒否的な感情を抱いたりしてしまうことが起きるのです。

4　養育環境の要因

リスクの高い家庭環境としては、家庭の中のストレスの高さがまず挙げられます。未婚や単身家庭での子育ては、家庭の中で子どもの面倒を見る大人が少なく、子育てはそれだけ大変なものになると言えます。親が仕事で忙しすぎる家庭の子育ても、ストレスが高いでしょう。また、失業や転職を繰り返し、職に就けないなど、親の就労が不安定であることは、経済的不安も伴いますし、親の精神的な不安定につながります。夫婦関係が安定していないことも同様です。ＤＶがあったり、夫婦関係が悪いこと、内縁関係などで同居や別れを繰り返しパートナー関係が安定しなかったりすることなども、親の精神的不安定の要因になりますし、そもそも親密で安定した関係が築けないなどの性格の課題を表しているかもしれません。

虐待は親や家庭のストレスが、力の弱い子どもに向かうという構造をもっています。そのため、親や養育環境にストレスが多くあることは、それだけで危険をはらんでいると言えます。

虐待が起きた家庭の調査によると、もちろん全てではありませんが、内縁者や関係のよくわからない同居人がいること、不特定多数の大人の出入りがあり家族成員や家族構成が曖昧であること、子ども連れの再婚家庭、転居を繰り返す家庭、親族や地域社会から孤立した家庭であることが多いと指摘されています。また、妊娠中に定期的な妊婦健診を受診していないことや、出産後に乳幼児健診を受けていない場合も、虐待の危険性が高いため気をつけないといけないと言われています。

不特定の大人の出入りがあることは、家族構成が安定していないことを示し、しばしば養育に関する責任を誰が負っているかが曖昧になったり、責任感が希薄になったりします。

そうした環境の中では、ネグレクトや性的虐待が起きやすいと言えます。子ども連れの再婚家庭では、養育者となる親の成熟や忍耐が、通常の結婚以上に求められることが多いものです。現在の夫や妻の、前の配偶者の存在が子どもを通して感じられることがあります。また、新しく子どもの父親や母親になった親が、若年だったり性格的に未成熟だったりする場合は、子どもの存在に嫉妬することもよくあります。「自分と子どものどっちが大切なんだ！」と、子連れの親に迫り、そのため継父母からの虐待行為を産みの親が止められなかったり、夫婦の絆のほうが強いことを証明するために二人で子どもを虐待したりして、時には死亡事例につながってしまうこともあります。

転居を繰り返したり、地域社会や親族から孤立していたりする家庭というのは、言い換えれば人とのつながりが希薄な家庭であると言えます。その理由には様々なものがあるでしょうが、その家庭を支える親族、祖父母やきょうだいなどとの関係が悪かったり、もともと育った家庭の養育力自体が乏しく、祖父母に子どもである父母をサポートする力がなかったりすることもあるかもしれません。また、父母自身が人とのつながりをつくる力に乏しいため、一つの所に留まって人間関係を築くことができなかったり、親族とのよい関係を築けなかったりする場合もあるように思います。通常は、親が定職に就き、友人などの交友関係があったり、子どもが学校や園などに通い始めたりすると、簡単には転居しにくくなるものです。通勤や友達との付き合い、子どもの通園通学のことを考えれば、転居をして住む地域を変えることは容易ではなくなります。しかしながら、転居を繰り返しているということは、そうした仕事や人とのつながりの希薄さの結果かもしれず、また簡単に転校や転園をしてしまうということは、子どもに対する配慮や共感性の低さを表しているのかもしれません。

5　虐待の連鎖

虐待の世代間連鎖、という言葉を聞いたことがある人も多いのではないでしょうか。虐待の世代間連鎖とは、虐待された子どもが親となり、自分の子どもを虐待する現象のことで、虐待行為が世代間にわたって続いていくことを言います。虐待が起きやすくなる理由の一つとしても挙げられています。親自身に被虐待経験がある場合、確かに虐待を受けたことのない親と比べると、虐待が起きるリスクは高くなることが知られています。

よく「自分がされて嫌だったことは自分の子どもにはしない、とどうして考えないのだろう、なぜ同じように虐待をしてしまうのでしょうか」という疑問を聞くことがあります。

しかしながら、25ページでも述べたように、虐待的な養育を受けて大人になった人は、親が自分にしたようなやり方を子育てのひな形として学習しています。他の養育方法を体験していないのですから、叱ったり叩いたりすることの代わりの方法を知りません。子どもの育て方やしつけ方として、叱るとか暴力を振るうということが子育ての方法であると理解していることがあるのです。

あるいは、子ども時代に虐待的な養育を受け続けると、叱られ、抑えつけられ、親の圧倒的な力に逆らうことができずに常に支配されていたために、自己評価が低く、自尊心や自己肯定感が低くなってしまうことがあります。虐待を受けた子どもは「自分が悪いから虐待を受けたんだ」と、虐待の原因を自分に帰属させる傾向があります。そのため、「自分は悪い子」という自己イメージをもっていると言われています。そのような人が大人になって力をもつようになったときに、子どものことを支配し、子どもの感情や行動を思い通りにすることによって、自分にもパワーがあると感じることを求め、低い自己肯定感を埋め合わせようとするのかもしれません。

また、自尊感情や自己肯定感が低いと、子どもの反抗や自発的な言動を受けとめにくくなります。それは、子どもが逆らったり、言うことを聞かなかったりすると、自分は相手に尊重されない、力がなく取るに足らない弱々しい存在だと感じられ、それによって低い自己肯定感が刺激され、不快な感情を抱き、それが子どもへの怒りにつながることがあるからです。

親が被害的認知をもちやすいことも、世代間連鎖と関係して、虐待が起きやすくなる理由とされています。被害的認知とは、例えば、泣きやまないなどの自然な乳幼児の行動や、2歳半頃からのイヤイヤ期から始まり子どもの成長に応じて出てくる自己主張、あるいは親の言うことを聞かないといった反抗的な態度など、子どもの様々な反応を、自分に対する攻撃や非難であると捉えることです。「その行動の裏に私に対する敵意がある」と感じたり、「わざと私を困らせようとしている」「私のことを否定している」などと捉えたりする親の認知特性のことを言います。

虐待を受けて育った子どもは、「自分は悪い子」という低い自己評価をもつようになるとお話ししました。それと同時に、他人については、「自分を責め、自分を傷つける存在」というイメージをもつようになります。そして、「誰も自分のことを顧みてくれない」「大切にしてくれない」「いつも自分ばかりが損をする」という被害感情をもつようになります。そうした低い自尊感情と否定的な他者イメージをもつようになった人が親になったとき、「泣きやまない」「言うことを聞かない」などの我が子の思い通りにならない様子を、「わざと自分を困らせようとしている」「バカにしている」と被害的に受け取ってしまい、子どもと関わることに苦痛を感じるようになります。そして、子どもに対して怒りを感じ、その怒りを叱責や暴力などで子どもにぶつけてしまったり、あるいは、無視をしたり、子どもの要求に対して知らん顔をしたりと、子どもと関わらないようになってしまうことがあります。

他にも、「役割逆転」と呼ばれる現象もあります。虐待を受けて育った親は、子どもの頃に自分の欲求を親に満たしてもらった経験に乏しいと言えます。例えば、甘えたいときに甘えることを拒否されたり、自分の感情に合わせて親が自分をなだめてくれたり、かまってくれたり、おろおろしてくれたり、遊んでほしいときに遊んでもらったりと、自分中心の関わりをしてもらっていません。そうすると、親になったときに、子どもの頃に自分が得られなかったものを子どもから得ようとして、自分を満たしてもらおうとすることがあります。子どもに自分の顔色をうかがわせたり、子どもの欲求に応えるよりも親の欲求に子どもが合わせることを強いたりするような言動をするのです。

例えば、子どもがお腹を空かせたり遊んでもらいたいなど親の関わりを求めたりしていても、親は自分の欲求を優先させてスマホに熱中し子どもに我慢をさせる。そして、自分の気が済むと、「待っててくれてありがとう」と子どもにベタベタと甘え、ようやく子どもの欲求に応えてあげる。子どもも、強く主張すると親が機嫌を損ねたり怒ったりするため、親の顔色を見ながら自分の欲求を押し殺し、「うん、いいよ。ボク、いい子で待ってるよ」「お母さん、大丈夫?」などと言って、親の欲求充足を優先することに貢献するような関係です。「アダルトチルドレン(AC)」という、機能不全家庭で育ち、生きづらさを抱えた人のことを指す言葉がありますが、これに近い心理があります。子どもの養育では、基本的には親が子どもの欲求を満たし、調節していくことが中心となりますが、親の欲求が優先され、子どもがそれを満たすような動きを取らねばならなくなることが、役割逆転だと言えます。

ではいったい、虐待の世代間連鎖と呼ばれる現象は、どの程度見られるのでしょうか。いろいろな調査や研究がありますが、子どもの頃に虐待を受けて親になった人のうち、自分の子どもを同じように虐待してしまうのは、おおよそ25~50%くらいだと言われています。

この数字を皆さんはどうお感じになるでしょうか。自分が虐待を受けたからといって、全ての人が自分の子どもを虐待する親になるわけではないのです。少なく見積もっても、半分の人は虐待をしない親になることができると言えます。

自分自身が虐待を受けながらも、自分は虐待をしない親になるためには、次のような条件が有利に働くと言われています。

まずは自分が虐待を受けていたということを、自分自身で理解し、認めることです。そして、自分の子ども時代の辛さを正直に、情緒的に感じ取ることです。怒り、悲しみ、惨めさ、寂しさ、悔しさなどのネガティブな感情の存在を感じ認めること、それが虐待体験からの回復のスタートになると言えます。そして、それを人に語り、共感し、理解してもらうことが大切です。誰しも、こうした辛い体験や感情に一人で向き合うことは難しいものです。できれば触れたくないし、辛い記憶や感情に踏み留まりたくはないでしょう。自分の体験と感情を語り、理解してもらう相手として、子育て支援をする相談員や保育士、カウンセラー、臨床心理士などの専門家でももちろんよいですが、一番効果的なのは、共に生活をし、物理的にも自分を支え一緒に子育てに取り組んでくれる配偶者やパートナー、家族の存在であると言われています。

不適切な養育や虐待を受けて育ってきた人にとって、子どもと関わることや子育てをすることは、自分の辛い体験や感情が呼び起こされ、よみがえり、それに触れ続けなければならない、苦痛を伴う営みになります。自分を求めて手を広げ抱きつく子どもの身体を受け止めながら、子どもを愛しく感じつつも、（私はこういうことをしてもらえなかった）という寂しさや惨めさを同時に味わうことになります。
また、勉強がわからない子どもに対して「どうしてちゃんとやらないの！」「どうしてわからないの！」とわき上がる怒りの裏には、（私はいつも放っておかれて、何でも一人でやらなきゃならなかった）という恨みや悲しみの感情があったり、子どもだけでは難しいことでも自分一人でやらねばならずにいつも失敗し、そのとき感じた惨めな気持ちの記憶がある場合もあります。

育ちに恵まれなかった人にとっては、子育ては楽しいばかりではなく、子どものことはかわいくても、同時に自分の親子関係の中の未解決の心理的葛藤に常に触れさせられる営みでもあるのです。こうした辛さがある中では、気持ちをわかってもらうだけではなく、うまく子どもに向き合ったり自分の感情をコントロールできないことも含めて、具体的にそれがうまくいくようにフォローしてくれたり、代わりとなって親子の関わりがひどいものになりすぎないようにサポートしてくれたりと、一緒になって子どもを育ててくれる人の存在が最も重要となります。また、自分の身の上に起きたことを客観的に捉え、振り返り、感情的にも内省することができるためには、知的な力も大切になります。知的に優秀であるほうが、より有利であると言われています。

他にも、虐待体験からの回復を果たした人、自分が虐待を受けても子どもを虐待しない人は、虐待を受けていた状況の中でも他の大人から何らかの安定したサポートを受けられていた場合が多いことが知られています。虐待をしない親や祖父母、年上のきょうだい、学校の先生や習い事の先生やコーチなどのよき指導者の存在、友人や近所の人など、理解し支えてくれる存在があることで、虐待による否定的な影響や世代間連鎖を少なく留めることができると言われています。

6　虐待発生を予防する要因

世代間連鎖を防ぐ要因についてお話ししましたが、虐待の発生を予防する要因についてもお話をしておきたいと思います。すでにお話ししたように、児童虐待は一つの原因だけで起きるのではなく、複数の要素が重なり合って起きる問題です。例えば、保護者の性格、育児不安、社会的孤立、夫婦関係の問題、経済的貧困、援助を求める手段を知らないなど、保護者の要因、子どもの要因、養育環境の要因、社会や文化など環境の要因が悪循環を起こしたり、重なり合ったりして起きます。これらの「リスク要因」と呼ばれる虐待を起こしやすい要因だけでなく、「補償要因」と呼ばれる虐待発生を予防することに働く要因にも目も向けることが大切です。リスク要因があっても、発生を防止する補償要因がそれぞれのレベルで有効に働けば、虐待が発生する危険性が低くなるからです。

カウフマンとジグラーという研究者が、虐待発生を防ぐ補償要因をまとめています。そこでは、虐待の発生に関係する要因を個人・家族・地域・文化というレベルから考えています。

まずは個人の要因です。世代間連鎖でもお話ししましたが、ＩＱが高く知的に優秀であること、特別の才能があること、過去に受けた虐待を自覚していること、虐待をしないほうの親とはよい関係があること、対人関係が良好であることなどが、個人が虐待行為を起こすことを防ぐ要因として挙げられています。

家族という単位で見てみると、子どもが健康で病気や障害などがないこと、配偶者やパートナーがサポーティブであること、経済的に安定していることなどが、虐待を起きにくくする要因として挙げられます。

コミュニティとの関係で見てみると、子育てに関する十分な社会的支援があること、ストレスフルな出来事が少ないこと、被虐待者が子どもの頃に学校で肯定的な体験ができており仲間とよい関係がつくれていること、そして治療的な関わりが得られていることなどがあります。

社会や文化との関係では、社会や地域の中に子どもは家庭や親だけでなく共に育てるものという感覚があること、暴力に対して反対する意識や文化があること、経済的に繁栄しており豊かであることなどが、虐待を起きにくくする要因と言われています。

虐待の予防や、すでにある虐待に対応して、保護者や子どもを支援していこうとするときには、こうしたリスク要因と補償要因の両面を意識して関わることが大切です。個人のレベルから私たちの社会のレベルまで、こうした虐待が起きにくい環境が整うよう、考えていくことが必要でしょう。

第4章

虐待により子どもが受ける被害

この章では、虐待を受けた子どもが
どのような被害を受けるのかについて、お話ししていきます。
丁寧な養育を受けていない子どもや虐待を受けている子どもは、
心と体に様々な影響を受けることになります。
そのために、学校や園の中で様々なトラブルを起こしがちです。
虐待によって子どもが受ける身体的、心理的被害と、
それがどのような行動や問題として
実際の学校生活や園生活の中で現れてくるのかを見ていきたいと思います。
そうした虐待による影響から生じる子どもの言動を理解することで、
子どもをサポートするために、教師や保育者がどう関わればよいのかを考えます。

1 心理的な影響

虐待によって子どもが受けることになる心理的被害は、養育者との間に安定したアタッチメント関係が形成されないことと、暴力や放置によってトラウマ（心的外傷）を抱えることが中心だと言われています。

（1）アタッチメントの問題

アタッチメントは、日本語では長く「愛着」と言われてきましたが、その言葉だと愛情関係と間違われやすいことや母子関係に限定されたイメージがあり、アタッチメントの本来的な意味を誤解しやすくなることから、今ではカタカナでそのまま「アタッチメント」と表現されることが多くなってきています。

アタッチメントとは、子どもが危機に瀕したときに、大人や養育者を呼び寄せたり自分から近づいたりして、保護を求めて一緒にいようとする傾向のことを言います。これは、力の弱い個体である子どもが、より力の強い成体である大人に守ってもらい、生きのびる可能性を高めるための生存戦略であり、生まれつき人間に備わった生物学的なメカニズムであると言われています。

そのため、アタッチメント関係は母親と子どもとの間だけでなく、それ以外の人物、父親や保育者などとの間にも形成されます。子どもと深く関わり、子どもの危機的状況に際して発せられるサインを的確に読み取り、その危機を解消しようと応えていく養育者との間であれば、性別や外的な関係性を問わずに形成されます。保育園の保育士なども、子どもにとって大切なアタッチメント対象となります。特に、家庭で親との間に安全で安定したアタッチメントが形成されていない場合、保育者の存在は大変に重要なものとなります。

例えば、お腹が空いたときや寂しくなったときに、赤ちゃんは泣いて、自分の身体的、心理的危機状況を表現します。これがアタッチメント行動です。赤ちゃんをケアする親が健康で子どもの状態を読み取る力とそれに応える力がある場合は、「お腹が空いたのかな」「寂しいのかな」と子どものニーズを察して、母乳やミルクを与えたり、抱っこしてあげたりします。そうすると、赤ちゃんの危機的状況は解消されることになります。ハイハイや自立歩行が可能になれば、ただその場で泣いているだけではなく、自分から親を求めて近づいたり抱きついたりするようになるなど、子どもの成長に応じてアタッチメント行動は多彩になり変化していきます。

ですが、基本的なメカニズムである、子どもの危機→アタッチメント行動の出現→アタッチメント対象による危機や不安の解消や緩和→子どもの安心（危機的状況からの回復）→養育者と子どもとの間の安定したアタッチメント関係

の形成という流れは同じです。
「泣く」「近づく」というアタッチメント行動に、アタッチメント対象である親が適切に応え、子どもを危機的状況から快適で安心できる状況に変えてあげることによって、子どもと親とのアタッチメント関係がつくられていきます。安定したアタッチメント関係を形成していくためには、子どもの側がアタッチメント行動を起こす力と、養育者側が子どものアタッチメント行動の意味を読み取り、それに応答することができる力の両方が必要であり、この二つの相互作用によってアタッチメント関係は築かれていきます。

このように、アタッチメント関係によって恐れや不安がコントロールされることで、子どもは成長に必要な物理的・心理的エネルギーを確保することができ、その子どもが本来もつ成長する力が発揮されていきます。

そして、アタッチメント対象を安心基地として、子どもは様々なチャレンジをしていくことが可能になります。子どもの成長にとって、未知のこと、初めてのことに取り組んでいくことは重要です。環境との相互作用を通して、子どもは成長していくからです。しかしながら、初めてのこと、新しいことには不安が付きものです。生まれて初めて犬を見て、「何だろう」と不用意に近づいてしまい、脅えた犬に吠えられたりすると、子どもは驚き、怖くなって、泣いて母親の元に戻ったり、しがみついたりするでしょう。しかし、母親にしっかりと抱きとめられて安心することができると、また「何だろう」「近づきたい」「触りたい」と、むくむくと好奇心が復活します。

このように、不安や危機に遭遇しても、アタッチメント対象が安心基地として十分に機能し、子どもの不安を緩和し、危機を解消することができれば、子どもは再び自分の力で未知の世界に挑戦していくことができるようになります。つまりアタッチメント関係は、環境との相互作用を保障する、子どもの成長と発達を支える仕組みでもあると言えます。

このように、アタッチメント対象が子どもの不安や危機を和らげ、調整し、安心基地として十分に機能することができると、子どもは他者が信頼できる存在であること、自分は大切にされる価値があること、そしてこの世の中は安全であるという感覚をもつようになります。人や世界に対する基本的信頼感や安心感と呼ばれる感覚を築いていくのです。そして、未来に対して希望的な予測をもつこともできるようになります。これはやがて、対人関係、外界認知のひな形となり、未来を方向づける「内的ワーキングモデル」と呼ばれるものになっていきます。

アタッチメント関係は、子どもが幼いうちは、対象によってパターンが異なるという特徴があります。例えば、子どものことを怒鳴り虐待する父親との間には不安定なアタッチメントが形成され、気持ちを受け止めケアしてくれる母親や担当保育士との間には安定したアタッチメントが形成されるというように、一人の子どもが相手によって異なるアタッチメントパターンをもつのです。子どもが泣くと怒り出す父親の前では無表情で固まる姿を見せ、気持ちを受け止めてくれる母親や保育者の前ではかんしゃくを起こしたり泣いたり甘えたりします。乳幼児期はこうして一人の子どもが対象に応じて複数のアタッチメントパターンをもつため、相手によって態度が変わるということが起きます。そのため、親や養育者、保育者などの具体的な対象から、質のよいケアを受けることが、安定したアタッチメント形成のために大切になります。

やがて子どもが学童期に入ると、このようなそれぞれの対象とのアタッチメントのパターンは、子ども自身の物事の見方として統合され、子どもの心の中に内在化されます。おおよそ7歳から8歳頃になると、子どものもっていた複数のアタッチメントパターンが統合され、子ども自身の物事の見方の枠組みに変化します。子ども時代に養育者との間で築かれたアタッチメント関係を基本として、その上で、人生における重要な人との関係からの影響を受けながら、自己のイメージと他者や社会のイメージがつくられ、未来の予測を描いていくことになります。このように自他や世界のイメージをつくり、未来に対する予測を行うのが「内的ワーキングモデル」です。

小さな頃は、アタッチメント対象が「かわいい子、いい子！」と言ってくれて、自分の欲求や感情に関心を払ってくれ、大切にされていると感じることで、自分のことが価値のあるよい子だと思え、相手のことを安心できる存在だと感じられます。一方で、「おまえはバカだ」「死ね！」と言われ、感情を無視され粗末にされると、自分のことを取るに足らないみじめで価値のない存在だと感じ、相手のことを安心できない存在だと感じます。つまり、養育者の子どもへのまなざしや関わり方そのものが、子どもが抱く自分自身のイメージや他者のイメージとなっていくのです。

そして、いったん内的ワーキングモデルができあがると、今度はその枠組みに従って、自己や他者、出来事を理解し、未来の予測を立てていくようになります。

自分は人から大切にされる価値のあるよい子で、他者は自分の気持ちに配慮してくれ自分によくしてくれる、この世の中は安全であり、たとえ困ったことがあっても何とかなる、という肯定的な内的ワーキングモデルをもっていると、それを前提として他者と関わり、物事に取り組んでいくことができます。このような肯定的なワーキングモデルが内在化されていると、自分に自信があるために、自分の感情や希望を、正直に、堂々と表現することができます。他者は信頼できる存在であるため、安心して他人とも関わり、頼ることも反抗することも素直になることもできます。自分はやればできる子だし、他者は自分が困ったときには手を貸してくれるし、困難に遭ってもやがて事態はよくなり危機はずっと続かないと考えられるので、くじけずに課題に挑戦していくこと、努力をし続けることができます。

例えば、学校で担任の先生に初めて出会っても、「きっとこの先生は自分によくしてくれる、いい人に違いない」という、よい予測を立てることができるようになります。先生はいい人で、自分のことを受け入れてかわいがってくれるだろうという予測があるから、笑顔で挨拶をすることができます。そして困ったことがあったときには、「先生、わかりません」「忘れ物をしました」「手伝ってください」「ごめんなさい」と素直に言えたり、助けを求めたりすることができるのです。

しかし、もし子どもが、否定的な内的ワーキングモデルを形成していたらどうなるでしょうか。自分のことを「大切にされない子」「やってもできない子」と思い、他者に対して「どうせ助けてもらえない」「わかってもらえない」と思っていたとしたら、困難なことに取り組んだり、素直に話をしたり、助けを求めたりすることは大変難しくなります。

　こうしていったん内的ワーキングモデルが築かれると、自分の中にあるイメージに基づき他者の言動を予測し、その予測に基づいて行動していくようになります。目の前にいる相手の実体に則して反応したり行動したりするよりも、子どもの側でもっている「色めがね」やバイアスとも言える内的ワーキングモデルを通して見えるもの、想像するものに従って、反応したり行動したりしていくようになるのです。そのため、その枠組みが肯定的なものであれば、人と良好な関係を結んでいけますが、否定的なものだと、「どうせ俺のことを～と思ってるんだろ！」といきなり怒り出したりするような極端な反応が起きます。

　相手からすると、「これくらいのことでなぜ?」とか「そんなつもりはなかったのに」と感じられ、すぐ感情的になる、よくわからない、関わりづらい子どもとして映るようになります。わからないところがあれば普通に「わからないから教えてください」と言えばいいのに、自分はバカで、先生もどうせ自分をダメだと思っている、親切に教えてくれないだろうと思っているから、「どうせやったってムダだから」「やってもわからないから」とひねくれたあまのじゃくな言動を取るようになります。大人の働きかけを素直に受け入れられなくなったり、拒否したり、関わる大人が質のよいケアを提供すること自体を子どものほうから妨げてしまうような言動が増えてしまうのです。こうなると、ますます人との関係はこじれ、よい関わりを得られなくなり、悪循環となります。周囲もよい関わりを提供しにくくなります。

このような状態になると、単に質のよいケアを提供するだけでなく、心理療法やカウンセリングなど、表象（イメージ）を扱う治療的介入が必要になります。あるいは、生活の中での関わりにおいても、こうした子どものもつイメージの偏りや内面を理解した上で対処していくことが必要不可欠になってきます。このように築かれた内的ワーキングモデルは、生涯にわたって人との関わり方や関係性、ものの見方や将来の展望に影響を与えることになります。

また、アタッチメント関係は、感情のコントロールとも密接に関係しています。アタッチメント対象との関わりによって、不安や恐怖の状態から安心と緩和（リラックス）の状態を取り戻してもらう、ということを繰り返し経験する中で、感情を制御する力が育っていきます。自分自身ではコントロールすることができない不快な感情を、大人の手を借りてコントロールしてもらうことを繰り返し体験することで、やがては自分自身で感情をコントロールするという力をもつことができるようになっていきます。

さらにアタッチメント関係は、子どもの共感性の発達にも大きく影響します。先ほど述べたように、アタッチメント形成のプロセスにおいては、アタッチメント対象となる養育者が子どもの状態や感情、ニーズを読み取ることが必要となります。子どもの側からすると、自分の感情や欲求を、他者から「わかってもらう」体験です。他者の状態や心を理解する（される）という、共感的な世界を実体験することになります。こうした、養育者の共感する力を体験することを通して、他者の心をわかるという世界があることを理解し、子ども自身も他者へ共感する力を育てていきます。自分が「わかってもらう」ということを体験して、人の心がわかるようになるのです。子ども自身が他者から共感的な理解をされなければ、共感性は育ちません。アタッチメント関係の中で、自分の不安や危機を養育者に理解してもらい、安心させてもらう経験は、同時に子どもの共感性を育てることになるのです。

このようにアタッチメント関係は、人が生きていく上で大変重要な役割を果たします。では、このアタッチメント関係は虐待的な環境ではどうなるのでしょうか。

子どもが、空腹や恐怖などの身体的、心理的危機状況になったときには、泣いて親を呼び寄せようとします。ネグレクト環境などで親が不在であったり、子どもを放置していたりする場合、呼び寄せてもそれに応えてくれる親はいないため、危機や不安は解消されません。あるいは、そのときに親が「ウルサイ！」と子どもを怒鳴りつけたり、殴ったりする場合はどうなるでしょうか。危機や不安は解消されるどころか、一層高まってしまいます。

こうした状況の中では、子どもがアタッチメント行動を発動しても危機や不安は解消されず、それどころかますます混乱することになります。その結果、アタッチメント対象に近づきたいけれども近づけない、近づくのが怖い、というアンビバレントで混乱した状況に子どもは置かれることになります。そのため、他者や世界に対する基本的信頼感や未来に対する肯定的な予測は形成されません。

こうした子どもがもつことになる他者へのイメージは、「他者は危険な存在」「信頼することができない」「他人は自分が困っても何もしてくれない、当てにならない」であり、自己のイメージは、「自分は大切にされない、世話される価値のない存在だ」「惨めで、恥ずかしい存在だ」であり、世界のイメージは「この世の中は危険に満ちていて、何が起きるかわからない」「自分の身は自分で守らなくてはならない」などといったものになります。そして不安定なアタッチメント関係からは否定的な内的ワーキングモデルがつくられることになります。

こうした不安定なアタッチメント関係をもつ子ども、否定的な内的ワーキングモデルをもつ子どもの否定的な他者認識や外界の認識、先行きへの不安が、様々な行動上の問題や性格上の問題として現れてくるのです。後で詳しく述べますが、虐待を受けた子どもの特徴として、怒りのコントロールや感情のコントロールができないということがあり、これは不安定なアタッチメント関係とトラウマの影響によるところが大きいと言えます。また、虐待された子どもは、身勝手で自分中心な、思いやりのない子どもに見えることがしばしばあります。しかしそれは、子ども自身が思いやりや配慮を受けた経験が少ないために、そうした世界があることを知らず、その感覚が十分にわからないためであると言えるでしょう。

（2）トラウマの影響

虐待によって子どもが受けるもう一つの心理的なダメージに、トラウマ（心的外傷）があります。トラウマとは、心が消化することができないような不安や恐怖など、強すぎる刺激や大きなダメージを受けたときに生じます。大声で怒鳴られたり、暴力を振るわれたりする虐待行為によって、子どもの心はトラウマを受けます。また、一人ぼっちにされたり、不安なことや怖いことがあったときに頼る大人がいないようなネグレクト環境に置かれたりすることも、子どものトラウマになります。

トラウマ体験は、トラウマ記憶をつくり出します。トラウマ体験は心が耐えられないほどの衝撃であるため、そのときの記憶を瞬間冷凍させ、トラウマ記憶をつくることで対処しようとします。トラウマ記憶というのは、出来事のエピソードや内容などの記憶だけでなく、匂いや触覚、にらみつける表情や髪型、服の色などの目から入ってくる視覚情報、物音や声などの聴覚、味覚、その場の雰囲気など、五感で感じられた感覚記憶も含まれます。いわゆる起きた出来事の記憶よりも、五感から入ってきて残る記憶のほうが強いとも言われています。また日常のささいなことから、この記憶や感覚が呼び戻されることになるため、より子どもをパニックに陥らせやすいとも言えます。

そうしてしまい込まれたトラウマ記憶は、いわば消化不良の肉の塊と言ってもいいかもしれません。そのときの子どもの力では、理解することも消化することもできないほど強烈で圧倒的な大きな衝撃なので、心を守るためにその肉（衝撃や記憶）を咀嚼《そしゃく》したり消化したりすることをいったん放棄し、そのままの形で奥深くにしまい込むのです。しかしながら、消化されないままお腹の中に抱えているために、消化不良を起こしてお腹が痛くなったり気持ちが悪くなったり（侵入性の症状）、時にはそのままの形で出てきそうになってしまったり（フラッシュバック）、出てこないようにするために他のことを考えたり自分の気持ちや身体の感覚を鈍らせたりする（解離）というのが、トラウマ症状だと言えます。

トラウマ反応自体は、非常事態に対する正常反応であり、緊急時の一時的な行動だと言えます。心身の安全が激しく脅かされ、極度のストレスにさらされているにもかかわらず、逃げることも戦うこともできなかった場合、トラウマ反応という特殊な反応によって自分の心を守ろうとするのです。虐待という過酷な環境の中で、子どもが何とか自分を守り生きのびようとしている姿が、これから述べるトラウマ症状として現れているのだと言えるでしょう。普通は、危険が去ればこうした防御反応は必要なくなるはずですが、その危機状態のインパクトがあまりに強かった場合や長期にわたって繰り返し起きた場合には、その反応様式が心身に焼き付いてしまい、危機状態ではない普段の状況でも現れるようになります。これがトラウマ症状です。緊急避難的な反応様式が、固定化してしまうのです。

トラウマ反応には、「意識の障害」や「記憶の障害」、「覚醒水準の異常」「認知や気分の変化」などがあります。

「解離」と呼ばれる「意識の障害」は、トラウマ体験を瞬間冷凍し、感情や記憶を封じ込めてしまうことによって起きます。子どもの場合の解離症状は、怒鳴り声や威圧的な態度、暴力の場面を見るなどの、虐待体験を思い出させる刺激に触れたことをきっかけに、ぼーっとしてしまったり、固まった表情で相手を凝視したりするといった形で現れることが多くあります。教師や保育者から叱られたりしたときに目がうつろになり話を聞いているのかいないのかわからない様子や、あくびをしたり意識がもうろうとしてつじつまの合わない様子を見せたり、後から叱られたときの話をしても覚えていないなどといったことが起きます。他にも、空想の世界に入り込んでボンヤリしていたり、急に目つきが変わって怒り出したり不機嫌になったりといったことがあります。

「記憶の障害」には、「フラッシュバック」や「侵入性の症状」などがあります。フラッシュバックとは、何かの刺激をきっかけに、封印していたトラウマ体験や記憶が解凍されてよみがえることです。侵入性の症状とは、自分では思い出したくない、考えたくない考えやイメージが、突然生々しい形で心に侵入してくることです。思考やイメージだけでなく、匂いや触覚、雰囲気などの五感にまつわる不快な感覚記憶が、思い出したくないのに思い出されたり、ふいに繰り返し侵入してきたりします。こうした症状が起きると、子どもは急に不機嫌になったり、キレたり、怒り出したり、ふさぎ込んだり、元気をなくしたりすることになります。夜中にこれが起きれば、夜驚《やきょう》などの症状になります。侵入性の症状は覚醒水準が下がったときに起きやすいため、保育園のお昼寝の時間や、授業中の居眠り時などに起きることもあります。

「フラッシュバック」は封印していたはずの記憶から突然攻撃を受けるようなものです。その記憶に圧倒されて、子どもが取り乱したり、パニックを起こしたりします。フラッシュバックも侵入性の症状も、周りの人からすれば、何が起きているのかわからないことが多くあります。本人にとって不快な記憶をよみがえらせる引き金になっている刺激や他者の言動と、子どもの反応とのつながりがわからないのです。子どもに何が起きているのかさっぱり理解できずに、どうしてこんなことで突然パニックになったり怒り出したりするのだろうと、周囲も困惑することになります。

「覚醒水準」とは、外界の刺激に対する感受性や反応性のレベル、意識の明確さの度合いのことを言います。虐待環境は、この覚醒水準を激しく上昇させたり、過剰に低下させたりすることになります。

虐待はそもそも、虐待する側のストレスや感情から起きるため、子どもがどんなに頑張っても、虐待行為を避けたりコントロールしたりすることはできません。逃れることができない危機に襲われたとき、人は覚醒水準を下げて嵐が通り過ぎるのを待つ、というメカニズムを働かせます。感覚を鈍らせ、注意力や現実感を低下させ、活動性も下げ、一種の麻痺に近い状態にするのです。オポッサムなどの野生動物が犬やキツネなどの捕食動物に襲われると、死んだふりをすることがあるのをご存じでしょうか。それと同じように、感じないようにするということで危機に対処しようとします。一般的に、危機に直面した人間や動物は、逃げるか、戦うか、硬直するか、この三つのうちいずれかの行動を取ります。逃げられるときは逃げ、逃げ場がなくなれば戦いますが、その両方ともできない場合は、凍りつくしか方法がありません。

一方で、危機に対して覚醒水準を上げることで対処するということもあります。何か起きたときに、逃げたり戦ったりするために、警戒心を高め、感覚を鋭敏にし、注意力を高め、すぐに動けるよう活動性を高めて、積極的に危機に対処しようとする防御システムです。例えば、大声で子どもを怒鳴る、暴力を振るうなどの行為は、子どもを興奮させ、脅えさせ、過敏にさせるため、子どもの覚醒水準を過剰に上昇させることがあります。

こうした対処方法は、トラウマ刺激が一時的なものであればそれで対処することが可能ですが、長期間にわたって繰り返し起きる虐待のような環境の中では、子ども自身をむしばんでいくことになります。覚醒水準の異常な低下や上昇が子ども自身の習性となってしまい、様々な問題を引き起こします。覚醒水準を下げることが身についてしまうと、注意力が散漫になって気が散りやすくなったり、意欲が低下してやる気のない子どもになったり、覇気がなく意欲が低いなど抑うつ傾向が高まったりするなどの傾向が現れてきます。覚醒水準を過剰に上昇させることが身についてしまうと、落ち着きがなく、少々の刺激にもすぐに反応して騒ぐような過敏な状態になったり、睡眠障害が現れてきたりします。ＡＤＨＤの子どもと似た症状を示すため、ＡＤＨＤと間違われることもあります。

また、虐待を受けた子どもは、親とのアタッチメント関係も不安定です。人や世界に対する信頼感も低いため、危険が起きたときには守ってくれる人はいないから自分で対処しなくては、と感じています。そのため、より普通の子どもよりも傷つきやすく、トラウマを受けやすい状態であると言えます。こうしたアタッチメント関係の不安定さからくる緊張や不安の強さも、子どもを一層落ち着きなく、衝動的・攻撃的にしている要因だと言えます。

トラウマを受けることで「認知や気分の変化」も生じます。自分自身に対して否定的なイメージをもったり、自分が悪いと思ったり、恥ずかしいと思うようになったりします。また、怒りなどの陰性の感情が続いたり、喜びや満足などの陽性の感情をもちにくくなったりすることもあります。

虐待による子どものトラウマには、大人になってから受けるトラウマとは違った特徴があります。それは、虐待によるトラウマは、子どもの成長過程の中で、繰り返しトラウマを受けていくということです。

子どもは大人と違って、物事の見方や考え方、人格形成なども含め、成長発達していく過程にあります。虐待によって、子どもはそうした様々な認識や人格を形成している途中に、繰り返しトラウマを受けていくことになります。それによって、受けたトラウマ体験を組み込んで、物事の見方や考え方、人格をつくっていくことになります。つまり、トラウマ体験を含めて成長していくのです。こうしたことを「発達性トラウマ症候群」と呼ぶ専門家もいます。

後に詳しく述べますが、成長発達の過程にある脳も、虐待によるストレスホルモンやトラウマのせいで、影響を受けることが指摘されています。トラウマ体験が健康な精神的発達を歪め、脳の構造や人格形成に影響してしまうのです。

2 虐待を受けた子どもによく見られる問題

虐待を受けた子どもによく見られる言動を理解していくために最初に必要なのは、ここまでお話ししたように、子どもの示す様々な問題行動や不適応行動と呼ばれるものは、難しい親子関係や虐待環境に子どもが何とか適応して生きのびようとした結果であると理解することです。虐待を受けた子どもが社会のルールを守らなかったり、他の子どもや大人に対してひどい振る舞いをしたりすることもありますが、それ以上に理不尽だと言える虐待環境に置かれ、自分の気持ちを汲み取ってもらえず、無視され、共感的でない扱いを経験してきていることによって、こうした問題行動と呼ばれる様々な行動が現れます。

（1） 感情と衝動の調節（コントロール）の問題

安定したアタッチメント関係がないために他者に感情を調整された経験に乏しいことや、トラウマ症状による過覚醒状態があること、あるいは虐待されたことによる怒りをため込んでいるなどのことから、虐待を受けた子どもは感情や感覚の調整がうまくいかず、衝動コントロールがうまくできない場合が多々あります。ささいなことで怒りを爆発させたり、すぐにキレてしまったり、いったんキレるとなかなか興奮が収まらなかったりします。こうした感情コントロールや衝動コントロールの悪さから、友達に暴言を吐いてしまったり、暴力を振るってしまったりすることがあります。また、自分の気持ちを抑えられずに子ども同士のルールに従えなかったりすることも、感情や衝動性のコントロールの問題だと言えます。他にも、衝動性をうまくコントロールできないことが自分に向いてしまうと、物を蹴飛ばす、壁を殴る、頭を打ち付ける、あるいはリストカットなどの自傷行為をすることもあります。

こうしたことの結果、他の子どもがその子のことを嫌ったり怖がるようになったり、「普通とは違う子」として敬遠したりするようになります。トラブルが続き、暴力によって相手の子どもが怪我をするなどのことが起きると、相手の子どもやクラス全体の保護者を巻き込んで問題が大きくなることもあります。子どもの問題行動は、親の虐待という不適切な関わりの影響で生じていることですが、そうした家庭の問題は他の保護者にはわかりません。問題を起こす子どもや保護者が責められるだけでなく、クラス運営をしている担任の力量が問われたり、学級経営の問題だと学校や教師が責められたりすることもあります。その結果、学校や園、担任は、子どもへの対応だけでなく、クラスの保護者対応にも追われることがしばしばあり、大きな負担を担うことになります。

また、子ども同士の関係だけでなく、そうした暴言や暴力が、教師や保育者などの大人へと向けられることも珍しくありません。大人であっても、そして教師や保育者という子どもと関わる専門職であっても、他者から暴言を吐かれたり、暴力を振るわれたりすることは、傷つく体験です。

さらに、こうした問題行動が繰り返されることで、子どもに対して強い怒りを感じたり、こんなに一生懸命子どもに向き合っているのにどうしてわかってくれないのかと失望したり、大暴れした後でけろりとしている子どもに対して嫌悪感をもってしまったりすることもよく起きます。どうして子どもがこうした問題行動を起こすのか、その背景や心理を十分に理解できないと、こうした思いはなおさら強くなります。

そして、このように子どもに対する否定的な気持ちを抱えること自体が、子どものためによい存在でありたい、子どもを何とかよく育てたいと強く願っている教師や保育者にとっては、大変大きなストレスになります。大変な子どもと関わる中で、怒りや苛立ち、こんなに一生懸命やっているのにうまくいかないという無力感などをもち、自分の感情をコントロールしたり鼓舞したりすること自体で既に大きな心理的な疲労を抱えているのに、それに加えて「保育者としてあってはならない気持ちだ」「教師として失格だ」と、自己否定や自己嫌悪を感じてしまうと、心が折れてしまいそうになっても無理はありません。

世間では虐待を受けた子どもについて、「かわいそうな子」というイメージが強いと思いますが、実際に虐待を受けた子どもに関わるということは、大変なエネルギーが必要とされます。関わり手となる教師や保育者の心理的葛藤と、現実的な対処に伴う苦労と負担は、非常に大きなものだと言えます。

（2）対人関係の不安定さ、自己と他者、環境についての否定的なイメージ

子どもは、他者を信じられず自分が大切にされないことや、暴力を振るわれることへのやり場のない怒りと攻撃的な感情を抱き、自分が大切に扱われ尊重されること、大人からの愛情を渇望しています。こうした感情が、対人関係を困難にしてしまいます。

虐待を受けている子どもで年齢の低い子のほとんどに見られると言われているのが、無差別愛着と呼ばれる特徴です。初対面の人にも人なつっこく近づいていき、自分の相手をしてもらおうとします。

例えば、保育実習の学生や教育実習生などが来るとベタベタと甘え、独占しようとしたりします。初めは実習生もこうした子どもに自分の居場所や存在意義を与えてもらい、ホッとして一生懸命関わるのですが、実習生が他の子どもと遊ぼうとすると怒り出したり、すねたり、他の児童とトラブルを起こしたりするようになり、次第に対応に困るようになっていきます。このように、関係の深さや付き合っている時間に関係なく、誰にでも無差別に甘えるかと思えば、別れるときには別れを惜しんだりもせず、相手に何の関心も示さずに平然としていたりします。

これは、しっかりと安定したアタッチメント関係がなく、部分的にアタッチメントが成立していることにより生じる対人行動だと言われています。他者を自分にとって都合がよいように部分

的に利用し、特別な安心できる対象として恒常的に活用できないことが原因だと言えます。他者に対する感情のもち方が浅く、一貫していないと言ってもよいかもしれません。他にも、注意をしたことがきっかけで大泣きをして暴れていた子どもが、そのすぐ後にはけろりと甘えてくるようなこともあり、その変化に周囲が戸惑い、困惑し、気持ちがついていかないこともよくあります。

また、アタッチメント関係の不安定さから、自分に対して否定的なイメージを抱き、否定的なアイデンティティを形成していきがちです。自分のニーズや感情を優先してもらい、他者が自分のために行動を変えてくれた、何かをしてくれたという経験に乏しいため、自分が他人に影響を与える力をもった存在であるという感覚に飢えています。大切にされる価値が自分にあると感じられず、自分の存在や言動によって他者を動かすことができると感じられる有能性や確信が育まれません。表面的には虚勢を張っていて、横柄であったり、自己中心的で他の子どもを支配するような態度を取っていても、自分の思い通りにならなかったり反抗されたりするなど、少しでも思惑と外れたことが起きると、傷つき、怒り出したりパニックを起こしたりします。

筆者の経験から、自分のことを顧みられない養育関係にある子どもや虐待を受けた子どもは、「どうせ〜!」という言葉を使うことが多いと感じています。これは子どもが自分の心の中にもっている自分の扱われ方のイメージ、「どうせ自分は大切にされない」「やっぱり自分の思い通りにはいかない」という思いが強固に心の中に根を張っており、それが外に現れてきているのだと思います。

また、親子関係が虐待関係である場合、環境や他者を危険なものとして認知するようになります。アタッチメント関係のところでもお話ししましたが、虐待を受けた子どもは人や環境に対する安心感、安全感が欠如しています。そして、他者のイメージを「自分を責め、暴力を向けてくる存在」、自分のイメージを「攻撃を受け、傷つけられる存在」と、捉えるようになります。そして人間関係の枠組みを「虐待する人―虐待される人」として捉えるようになります。他者の中立的な行為も、虐待的なものとして認知するようになります。

他者に対するイメージが当てはめられるのは、教師や保育者も例外ではありません。相手のことを「暴力を振るい自分を抑圧する人」と捉えて、いつ暴力が振るわれるか、どこまでは安全かということをいつも気にして過ごすことになります。これは子どもにとって大きな不安でありストレスです。相手が怒り出したり暴力を振るったりすることになる限界があらかじめわかっていたほうが、わからないままでいるよりも安心です。そのため、「この人はどこまでやったら怒り出すのか、暴力を振るうのか」ということを確かめるために、子どもは教師や保育者に対して、あえて叱られるような、挑発的な言動をとります。これが「リミットテスティング」とか「試し行動」と呼ばれる現象です。

こういう心理を背景に、子どもは様々な問題行動を起こし、教師や保育者に挑戦をしてきます。しかしながら、教師や保育者は、辛抱強く、もちろん暴力を振るうことなく、子どもに関わり続けます。ですがそれは、子どもにとってはますます不安にさせられることであり、自分が安心できる予測通りの結末である叱責や暴力を何とかして引き出そうと、問題行動や挑発をエスカレートさせていくこともあります。それが大人側の許容の限界を超えてしまうと、子どものことを無視したくなったり、感情を爆発させてしまったり、時には手を上げてしまうことも起きます。虐待を受けた子どもは、虐待的関係を再現する傾向があると言われていますが、それはこうした子どもの心理からも生じています。

(3) 虐待関係からの学習

虐待を受けた子どもは、人間関係を力関係で捉えるようになります。それは、子どもにとっては幼い頃から経験している基本的な人間関係のあり方です。そのため、自分の欲求や感情を理解し受け止めてもらうことを切望しながらも、他者との人間関係も、「支配—被支配」や「傷つける—傷つけられる」という枠組みで捉えています。「力の強い者のほうが勝ち」「弱いほうが我慢するのは当然」「強いほうは弱い相手を傷つけてもいい」という、弱肉強食のような考え方を当たり前のこととしてもっていることがあります。その結果、家庭で子どもが受けてきた虐待行為を学校や園の人間関係の中で再現してしまい、自分と親の関係と同じような関係性を、友達や大人との間に築いてしまうことになります。

友達や大人と関わりたい気持ちは強くもっているので、その関わり方が学校や園の中では力関係を軸としたパワーゲームのようになってしまいがちです。弱い者に対しては強く出て、強い者に対しては従うといった関係性です。思い通りにいかないと、すごんだり、暴言を吐いたり、暴力を振るったりすることで、力で自分の言うことを聞かせようとしたり、思い通りに事を運ぼうとします。子ども自身が家庭の中で親からされていることと同じ振る舞いです。子どもにとってそれは当たり前のことで、家庭の中ではいつもは自分が弱者として虐げられ、我慢させられています。だからこそ、自分よりも弱いと思える相手がいれば、今度は自分が強者として思うがままに振る舞おうとするのです。

しかしながら、家庭での親の振る舞いと同じことを学校や園で行うと、そこでは自分が大人から注意を受けたり叱られたりすることになります。それは子どもにとっては、「いつも叱られるのは自分ばっかり」で「自分だけが損をしている」ということになります。こうしたことが子どもの被害感情を一層深め、大人への不信を深くし、より大きな怒りをため込む原因にもなります。

学校や園の中でも年齢が低いうちは、子どもの強い態度に圧倒され、周囲の子どもが言うことを聞いたり従ったりするということもあります。しかしながら学齢が上がるにつれて、力関係以外の人間関係の軸や価値を子どもたちももつようになり、多彩で豊かな人間関係を築いていくようになります。そうなると、力で人間関係を捉え実行しようとする特徴をもつ子どもは、子ども集団の中で次第に浮くようになり、敬遠されていってしまいます。

暴言や暴力などの虐待にさらされている子どもに最も顕著に現れる行動は、自分が受けてきた言動と同じことをそのまま繰り返すことです。「死ね！」「ぶっ殺すぞ」「オマエなんか死んだ方がいい」「殴られたいか！」など、大人が聞いても驚いてしまうような、とても子どもが使うとは思えない激しい言葉が子どもの口から出てきます。

また、性的虐待を受けた子どもによく現れるのが、性化行動と呼ばれる年齢に見合わない性的言動や強い性的関心、逸脱行動です。子どもが知っているとは思えない卑猥な言葉を連呼したり、性に関する話題を露骨にもち出しテンションが高くなったり、性行為の真似事や振る舞いをしたりします。大人に甘えるときも、性的なニュアンスを感じさせるようなスキンシップをしてくることがあります。直接女性の胸を触ろうとしたり、股間を触ったり、下着の中に手を入れようとしてきたり、自分の股間を相手の身体にすりつけたり、スカートをはいているのに股を開いて座ったりするなど、直接的な行動もあります。他の子どもを誘って、相手の下着を脱がせたり、身体を触ったり、お互いの身体を見せ合ったり触り合ったりすることもあります。

健康な子どもにも性的関心は見られますが、健全な性的関心の場合は、大人が注意したり止めたりすればその行為をやめることができます。虐待による被害として現れている性化行動では、注意してもやめられなかったり、隠れてするようになったりします。年齢が上がってくると、こうした行動は具体的な性行動として表現されるようになります。若年での性交渉や、次々に違う人と性的関係をもったり、同時に複数の相手と性的関係をもったり、援助交際をするなどの性的逸脱行動に変化していきます。

(4) 反抗的な態度

学校や園で特に教師や保育者が困る対応の一つに、子どもの反抗的な態度が挙げられます。
虐待を受けている子どもは、家庭の中で力で抑えつけられ、人間関係の枠組みを力関係で捉えていることから、相手が強いか弱いかにとても敏感です。相手よりも弱ければ自分はやられてしまいますから、力で抑えつけられそうな気配を感じると、それに対して激しく反応し、抵抗することがあります。学校などで教師がいわゆる上から目線で注意をしたり叱ったり、子どもの事情やいきさつ、気持ちを無視したと感じられるような不用意な発言や関わり方をしたりすると、激しい反抗を見せることがあります。

また、虐待を受けている子どもは、素直に人の言うことを聞くのが大変苦手です。それは、人間関係を力関係で捉えている子どもにとっては、相手の言う通りにすることは、自分のほうが弱く、負けたということになるからです。力関係による一方的な支配を常日頃から経験し、人間関係は虐待か被虐待であり、支配と被支配のパワーゲームの中で生きている子どもにとっては、相手に従うことは、「従わせられた」「服従だ」ということになり、人から強制されたと捉えるのです。

素直に相手の話を聞くことができ、言うことを聞くことができる「従順さ」は、他者への信頼がベースに必要です。「この人は自分に悪いようにしないはず」「自分を大切にしてくれている」「自分の思いは尊重される」という、養育者への安心と信頼、敬意があることで、他者の言うことを素直に聞き入れ、自発的に従うことができるようになります。

感情や衝動のコントロールが悪いことに加え、大人に対して「これでもか」というほどの試し行動を行い、反抗的な態度を取るような被虐待児は、素直で大人のことを信頼し、敬意をもつことができる他の多くの子どもにとっては驚きの存在であり、規格外の子どもに映ります。虐待を受けた子どもが、学校や園という環境やそこで出会う大人が安全であると感じられるようになるまでには時間が掛かり、それまでの間に子ども同士の関係性が大きく損なわれてしまうこともあります。

問題を起こす子どもに大人がどのように関わるかという視点だけでなく、保育者として教師として、他の子どもたちとの関係も含めてどのように成長や発達を支え合える健康な集団として子ども集団を維持していくかという視点も、非常に重要なものとなります。

(5) 学習面への影響

また、学業への影響もあります。学ぶことに必要な好奇心や関心、エネルギーは、大人との関係の中でしっかりと守られて安心しているからこそ生まれてきます。虐待を受けている子どもや、いつも親の顔色をうかがっていなければならない子ども、一人ぼっちで心も生活も親に守られていない子どもは、自分を守ることと身の回りに起きることに対処するのに精一杯で、学習などのその他の活動に関心を向ける心のゆとりがありません。わからないことに取り組む意欲や姿勢など、学習に取り組むために必要なエネルギーも十分にもてません。

特に小さな子どもにとっては、環境からの刺激や養育者との相互作用が、子どもの発達のために重要です。ネグレクト環境などでは、子どもの知的能力や好奇心が発達していく機会が乏しくなり、経験不足から本来の能力が発揮されない子どももいます。

虐待を受けている子どもの中には、じっとしておれず、次々と関心が移り、落ち着きがない子どもがよく見られます。一見、好奇心旺盛で、物事への関心が高いように思えますが、関心をもったことを落ち着いて吟味するというよりも、不安による過敏反応として、こうした様子が見られることのほうが多いと言えます。つまり、物事に集中できずにいつも気が散っている状態であると言え、学習に取り組む姿勢を保つことができません。また、普段から強すぎる刺激にさらされていることが多く、過覚醒になっているために、先を見通して取り組んだり、順序立てて考えたりすることも苦手です。

既に述べたように、衝動のコントロールがうまくいかないため、最初に目についた刺激に飛びついてしまい、ケアレスミスをしがちで、「ゆっくりと全体を見渡して考える」という作業は、こうした子どもにとっては難しい課題だと言えます。これは、整理整頓が苦手という特徴にもつながります。そもそも保護者の協力なども期待できないため、物をなくしたり、忘れ物をしたりすることも多くなります。

こうしたことから、虐待を受けている子どもの多くは、学校での勉強についていけなかったり、勉強が苦手だったりして、成績が悪くなりがちです。特に、何度教えてもなかなか覚えないとか、覚えてもすぐに忘れてしまうなど、定着の悪さが特徴です。たとえ知的な能力は平均的に備えていても、その力を学業に向けることができなかったり、知能に見合った学力を得ることが難しい学習遅滞の状態が起こったりします。

虐待を受けた子どもの知能・能力や学力の状況については、知的には境界知能を示すものが多いことがわかっています。半分以上の子どもが学習に大きな困難を抱えるとも言われており、学習の問題は虐待を受けた子どもが学校生活を送る上で大きなネックになっていきます。

(6) 身体への影響

虐待を受けた影響は、精神的な側面だけでなく、身体的な側面にも現れます。例えば、「愛情遮断症候群」という、非器質性成長障害(注)があります。保護者との間の愛情あふれる身体的接触や情緒的交流がないことで、成長ホルモンの分泌が抑制され、身長や体重などの増加が止まってしまったり、情緒的発達が妨げられてしまったりする現象です。その結果、低身長となったり、知的な発達に遅れが出たりすることもあります。

虐待の現場で子どもと関わっている援助者はよく経験することですが、ネグレクト環境にいた子どもが保護されて、一時保護所や施設で大人の手厚い関わりを受け、情緒的交流を経験することによって、身長や体重が一気に伸びる（スパートする）こともよくあります。

また、最近では、虐待行為によるトラウマが脳に与える影響の研究も盛んに行われています。経験を通して子どもの脳が発達していく中で虐待を受けることにより、そのストレスによって放出される大量のストレスホルモンが脳の発育を遅らせ、脳の構造自体に影響が及ぶということがわかってきています。子ども時代に虐待を受けることで、感情をつかさどる扁桃体が過剰に興奮しやすくなり、些細なことでもスイッチが入りストレスホルモンが放出されるようになり、すぐにキレたり怒ったりと感情のコントロールが利きにくくなったりします。

この脳へのダメージには感受性期と言われる被害が深刻になりやすい時期があると言われます。脳の中に情動と結びついた記憶をためておく海馬という場所がありますが、ここへの影響は3歳から4歳頃の体験が最も大きいと言われています。情報を統合する脳梁への影響は9歳から10歳頃の虐待の影響が最も大きく、将来の境界性人格障害につながることが最近指摘されています。

このように考えると、全ての虐待は、子どもの心だけでなく脳という身体にも深刻なダメージを与えるのだと言えます。虐待によって子どもの脳が傷つき、感情のコントロールが利きにくく、苦しい記憶に振り回されるようになる結果、よい人間関係や社会適応、学習経験などの良質の体験をする機会が奪われ、子どもは多くのものを失うことになります。こうしたことを避けるためにも、虐待の早期発見が重要であり、周囲の大人が子どもに対して適切に関わることが必要だと言えます。

（7）その他の問題

その他によく見られる問題行動としては、食への異常なこだわりが挙げられます。給食をむさぼるように食べたり、配膳の量にこだわり他の子どもと比べて少しでも自分の分が少ないと怒り出したり、おかわりにこだわったりするなどの行動が見られる場合もあります。

また、物にこだわる姿も見られます。こだわる物は文房具など学校で使う物から、カードやゲームなどの遊び道具、時には何に使うのかよくわからない、子どもにとってあまり魅力があるとも思えない物を集めることもあります。自分の物だけでなく、落ちている物を自分の物にしたり、人の物を盗んでまで集めようとしたりすることがあります。

盗みもしばしば見られる問題行動です。他の子どもの物を盗り、盗んだ物が自分の机から出てきても、頑として認めようとしないこともあります。他にも、家のお金を持ち出したり、学校にあるお金や他の子どものお金を盗んだり、時には他の子どもにお金を使わせて、食べ物や好きな物を買ったりすることもあります。これらの問題行動は、物理的に親から食べ物をもらえない、欲しい物を買ってもらえないということもありますが、それだけでなく、精神的な飢餓感が大きな要因となっていると考えられます。

小さい子どもでは、排泄の問題がよく見られます。お昼寝のときにおねしょをしてしまう、いつも下着が濡れている遺尿と呼ばれる症状、ウンチを下着にしてしまう、トイレ以外で排泄して落としてしまう、などです。これは緊張状態やコントロールの問題、情緒的な安定と関係していると言えます。

3　教師、保育者の子どもへの関わり方

それでは、学校や園で教師や保育者は、虐待を受けた子どもに対してどのように関わることが大切なのでしょうか。ここでは基本的な姿勢を確認しておきたいと思います。

まずは、問題行動として現れることの多い、子どもの言動の背景にある心理的課題を理解することが重要です。ここまでで繰り返しお話ししたように、虐待を受けた子どもの問題行動は、基本的に虐待環境や虐待関係の結果生じたものです。そうした環境に適応するための、子どもなりの必死の対処の姿なのです。そのため、表面的な行動だけを見て、社会性や道徳の観点から子どもを叱ったり、一律的な指導や注意を与えたりすることは、子どもの心理的被害を深め、子どもとの関係を悪化させ、問題行動も悪化させることにつながりかねません。もちろん、社会のルールや道徳心を教えていくことは重要です。しかしながら、「正しいこと」をただ伝えても、子ども

には正確に伝わらない場合が多くあるのです。

それは、そもそも、子ども自身が虐待環境という理不尽な世界に生きているからです。教師や保育者が伝えようとする、あるべき人の姿や社会は、子どもにとっては「きれいごと」の世界であり、自分が生きている現実とは違う世界のことなのです。また、内的ワーキングモデルで説明したように、既に子ども自身が物事を歪めて受け取るようになってしまっていて、大人の働きかけや善意、子どもへの肯定的な関心や熱意が、正しく伝わらなくなっている可能性もあります。そうした場合には、まずは子どものもつ否定的認知がどのようなものなのかを把握した上で、それを踏まえて関わっていく必要が生じます。子どもの否定的認知を刺激しない、穏やかで根気強い関わりが大切になります。子どもが教師や保育者などの大人の言動によって、「傷つけられない」と実感できるように関わることが必要です。

また、虐待により子どもが抱えることになる問題は、親密な二者関係における問題であるとも言えます。他者との関係が深くなればなるほど、子どもが心に抱えている問題が表面に現れるようになります。教師や保育者が一生懸命子どもに関わり、その子どもにとって大切な存在になればなるほど、問題行動がエスカレートしたり、その大人を困らせるような行動が現れるようになったりします。その結果、担任の苦労ばかりが大きくなったり、同僚から「担任の対応が悪いせいだ」「力量がないせいだ」と誤解を受けたりして、子どもにとって重要なキーパーソンが苦境に立たされることがよく起きます。

そのため、子どもの心理的被害が深く、アタッチメントの障害が深刻であればあるほど、子どもへの関わりは複数の大人がチームを組んで取り組んでいくことが必要になります。一対一の関係モデルではなく、子ども対大人チームを基本モデルとして、その大人チームが互いに支え合い、子どもとの関係の橋渡しをし合うようなイメージで、子どもへの支援をしていきます。それにより、関わる大人が支えられ、支え合い信頼し合う大人の姿を見ることによって、子ども自身も人への信頼を少しずつ取り戻していくことができるのです。

こうした姿勢は、子どもと関わる大人が「救済者願望」に飲み込まれてしまうことを防ぐのにも役立ちます。「救済者願望（幻想）」とは、「この人を助けたい」と強く望み、相手の望むことを自分がしてあげて、唯一の理想の人になろうとすることです。多くの教師や保育者は、子どもが虐待を受けてきたという事実がわかり、その子どもの過酷な生育歴や体験、それによる影響や子どもの心情を深く理解していく中で、子どもに同情し、思いを寄せ、一生懸命関わろうとします。そして、こうした理解が深まることで、問題行動を起こしても「仕方がない」と考えられるようになります。しかしながらこれが行き過ぎてしまうと、どんなに子どもが問題を起こし周囲から批判されても、自分だけは子どもの味方だ、唯一の理解者だと思い、現実感のある対応を欠いてしまう恐れが出てきます。こうしたことを防ぐためにも、チームで対応することは重要です。

また、中心となって関わる教師や保育者の心のケアのためにも、チームで対応することは重要です。虐待を受けた子どもとの関わりの中で生じる困難や負担感をお話ししましたが、子どもに共感することで生じる傷つきもあります。子どもの心情を深く理解し、子どもがどれだけ親の行為で傷ついているか、そして傷つきながらも親を求めているかを知ることで、親が子どもに対してひどい行いをしたときに、子どもの気持ちがわかるばかりに教師や保育者自身が子どもと同じように傷ついてしまうことがあります。こうした体験を一人で抱えることは、子どもへのよい支援のためにも、教師や保育者のメンタルヘルスのためにもよくありません。支援する人が支えられ、周囲との関係で癒やされることが必要です。

学校や園で出会う大人の存在は、子どもにとって大変重要です。虐待からの回復を支える要因の研究では、たとえ親から虐待をされていても、家庭の外に気持ちを理解してくれ、頼ることができる大人がいる場合は、虐待による心理的被害を補償する働きをするということがわかっています。教師や保育者などの、子どもにとって重要な対象となる大人の関わりによっては、子どもの受ける被害を少なく留め、将来の回復に貢献することもできるのです。

第5章

児童虐待の発見

この章では、児童虐待問題に対して
具体的にどのように対応していくかをお話しします。
早期発見のためのポイントなど、
具体的な着目点と組織のあり方について解説します。
また、一見児童虐待とは見えにくいけれども、
対応が必要だと考えられる事態について、
事例を挙げて説明していきます。

1 児童虐待の早期発見 ～組織風土の大切さ～

虐待による子どもの被害をできるだけ少なく留めるためには、虐待を早期に発見していくことが重要です。そのためには、まず、児童虐待に関する基本的知識を全ての職員がもつようになることが大切です。知識があることで気づきにつながり、新しい視点を獲得し、今まで見過ごしていたサインをキャッチすることができるようになります。

学校や園は子どもが毎日やってくる所であり、また長時間過ごす場所であるため、虐待を発見しやすい場所だと言えます。そして教師や保育者は、継続的に子どものことを観察しています。普段と違う子どもの様子などに気づきやすい立場にあります。

また、学校や園には、担任だけでなく多くの教師や保育者がおり、それ以外にも看護師や養護教諭、スクールカウンセラーなどの様々な職種の職員がいます。多様な専門性を背景にもち、複数の目で子どものことを見守ることができるため、一層虐待を発見しやすいと言えます。

そのためには、職員同士の情報交換がとても重要です。普段から子どものことについて職員同士が話し合える関係や、コミュニケーションをとるような組織の風土が必要です。こうした職員関係があることは、発見だけでなく、虐待を受けた子どもを実際に支援していく際にも必要となるものです。虐待の早期発見のためにも、子どもへの支援のためにも、大きな負担を抱える担任を支えるためにも、こうした開かれた風通しのよい組織風土を構築・維持するよう、管理職を中心に学校や園は取り組む必要があります。

次に児童虐待を早期に発見するためのポイントを「子どもの様子」「保護者の様子」の二つの視点から見ていきましょう。

(1) 子どもの様子

虐待を発見していく際に注目するとよい子どもの様子には、次のようなものがあります。

まずは、傷やあざ、やけどの痕などの外傷があることです。虐待による怪我の場合、どのようにして怪我をしたのかを子どもに尋ねても、言葉を濁したり、ちゃんと答えられなかったり、怪我と説明とのつじつまが合わないなどのことがあります。「(親が) 間違ってやった」と言うこともあります。小さな怪我であっても、説明のつかない怪我が何度も繰り返されている場合は、要注意です。学校や園での健康診断の際や、お昼寝や体育のときの着替えの際などに、こうした傷やあざがないか、あるいは着替えを嫌がる様子はないかなどを観察することができます。

仮に小さな怪我やあざだとしても、それが頭部や顔にある場合は注意が必要です。頭部の怪我は重大な事故につながりやすく、また、顔に怪我があるということは、虐待をする人が怒りの感情をコントロールできなくなっていることを示している場合があります。

子どもの怪我はネグレクトでも生じます。特に小さな子どもの場合、家庭の中で親がしっかりと子どもを見ていないために怪我をしたり、きょうだいゲンカが激しかったり放置したりするために怪我につながっている場合があります。

ネグレクトでは、お風呂に入っておらず身体が汚い、髪の毛が臭う、洋服が汚れていたり何日も同じ服を着続けているなど、恒常的に不衛生な様子が見られます。子どもの身体に合わない大きさの服や、季節やその日の天候に合わない服装をしていることもあります。またアトピーなどの医療ケアが必要な子どもが、保湿や軟膏を塗るなどのケアをしておらず、症状が悪化していることもあります。

提出物が出されない、忘れ物が多い、持ち物が整っていないなどのこともよくあります。親がきちんと子どもに気を配り、手をかけていないために、宿題をやってこない、ハンカチや雑巾、お手ふきタオル、ハサミやノリ、鉛筆などの学校生活や園生活に必要な持ち物を持ってこないなどの様子が見られます。学校や園から出された保護者宛の連絡などの回答・回収物も同様です。

小さな子どもの場合は、夜はいてそのままだと思われる尿で膨らんだ紙おむつで登園する、長時間同じ紙おむつをはいている、おしりがかぶれている、いつまでもおむつがとれない（トイレットトレーニングをしていない）なども、ネグレクトが疑われます。

また、食事をきちんと与えてもらっていないために、登園、登校してすぐや午前中は覇気がない、食に対するこだわりが強い、ガツガツと給食を食べる、などの姿も見られます。

身体的な栄養不足もそうですが、精神的にも満たされていないため、虐待を受けている子どもは身体的な発育が悪くなり、平均よりも体格が小さいことがよくあります。成長期の子どもであるにもかかわらず、家庭で長時間過ごすことになる長期休暇の後には、体重が極端に減少していたり、行動が普段よりも一層荒れていたりすることもあります。週明けの月曜日などに問題を起こすことも多くありますが、これも同じ理由です。精神的なエネルギーが乏しくなり、不登校になったり、理由のはっきりしない遅刻や欠席が目立ったりすることもあります。

家庭で虐待がある場合は、年齢が上がるにつれてだんだん家に帰りたがらないようになります。放課後に学校から帰ろうとしなかったり、友達の家に上がり込んだり、夕方や夜まで外で遊んでいたり、家出や徘徊を繰り返したりします。ゲームセンターやコンビニに入り浸り、万引きなどの問題行動につながっていったり、外に長時間いることで悪い仲間とつるむようになったり、好ましくない大人と関わりをもつようになったりすることもあります。

また、自傷行為が始まることもあります。小さな年齢では、血がにじむほど爪かみをしたり、唇をなめたり、毛を抜いたり、チックが出たり、年齢が高い子どもでは、リストカットやボディスティッチ（身体を糸で縫い装飾する行為）、摂食障害などが見られることもあります。

子どもの様子が以前とは違ってきたときや何らかの問題行動が現れたときも、虐待のサインではないかと考えてみる態度が必要です。最近、意欲に乏しく物事に集中できなくなったとか、落ち着きがなくなった、急に忘れ物が増えた、学力が低下したなどのことや、これ以外のことも含め、何らかの問題行動が現れたときには、それがなぜなのかを考えてみる必要があります。

子ども同士の関係にも、虐待の影響は現れます。些細なことですぐにキレたり、暴言を吐いたり、暴力を振るったりします。とても子どもが使うとは思えないようなひどい言葉遣いや、度を越した暴力が見られることもしばしばあり、周囲を驚かせます。遊びやルールを自分の思い通りにしたがり、周囲の言うことを聞かなかったり、うまくいかないと暴言や暴力に訴えたりします。力関係を基準に友達との関係をもち、一番になりたがり、自分が馬鹿にされたと感じると激しく怒り出したり、自分勝手な振る舞いをしたりします。こうした子どもの様子に、低年齢のうちは周囲も従ったり遠慮したりしていますが、年齢が上がるにつれて敬遠するようになり、次第に子どもたちから相手にされなくなったりします。そうすると、学校がつまらなくなり、休みがちになったり不登校になったりします。

大人との関係では、ぼんやりしていて反応に乏しかったり、落ち着きがなく話をしっかり聞くことができなかったりします。また、「どうせ~でしょ」というようなひねくれた物の言い方やあまのじゃくな態度、大人の神経を逆なでするような挑発的な態度も目につきます。大人が強い感情を見せると緊張し、挙動不審になったりそわそわしたり、目を合わせようとしなかったりすることもあります。また、常に大人の顔色をうかがうような様子が目立ったり、些細な出来事で態度を急変させたりすることもあります。ベタベタと甘えてきたかと思えば急に怒り出し、そのすぐ後には何事もなかったかのようにケロッとして甘えてくるようなこともあります。

こうした態度は、身体的虐待やネグレクト、心理的虐待、性的虐待の、いずれの虐待からも生じる子どものサインです。このような様子が見られたときには、その子どもと関わる大人が情報を共有し合い、子どもの問題行動や変化が何に由来するのかを考えることが大切です。

性的虐待では、41ページでお話ししたように、性化行動と呼ばれる特徴的な行動が現れます。性に対して強い関心を示したり、その逆に極端に嫌がったりすることもあります。また、年齢に見合わない詳細で具体的な性に関する知識をもっていたり、子どもが知っているとは思えない性器や性行為を表す言葉を言ったり、行為自体の真似事や人前でのマスターベーション、過剰なマスターベーションを行ったりすることもあります。スキンシップや振る舞いに性的な雰囲気を伴うこと、裸の絵や性行為を表現しているような絵や文章を書くこと、身体に触れられることを嫌がったり、着替えを嫌がったりすることもあります。また、年下の子どもを相手に身体を触ったり、服を脱がせたりといった、性的逸脱行動を示すこともあります。

性的虐待は家庭の中で起きており、また加害者も見つからないように虐待行為を行います。子どもに対して口止めをすることもしばしばあります。また、子どもの前で性行為を行うような性的刺激へ暴露するタイプの性的虐待の場合は、虐待をする側にも虐待をしている自覚がないこともあります。こうした特徴から、子どもに性化行動が見られた場合でも、何が性的虐待に当たるのかという知識を支援者が正しくもっていることが必要です。「性的虐待かもしれない」と疑って考えなければ、なかなか発見につながらないことも多いのです。子どもに性的な言動が見られた場合には、性的虐待などの過剰な性刺激にさらされている可能性はないか、まずは考えてみる姿勢をもつことが大変に重要です。

こうした虐待が疑われる状況において、特に緊急性が高い状況というものがあります。

一つは、虐待がある、またはあるかもしれないと思われるケースにおいて、子どもが複数日にわたって学校や園を休んだ場合です。身体的虐待の場合、虐待による怪我やあざがひどかったり目立ったりすることで家の外に出すと虐待行為が明らかになってしまうために、子どものことを登校・登園させない、ということがしばしばあります。こうした場合は家庭訪問をしたり、関係機関に速やかに連絡を取ったりすることで、子どもの安全を直接確認することが必要です。また、他のきょうだいに虐待があったり、虐待で施設に入所していた子どもが家庭に戻ったりした場合も、注意深く見守ることが必要です。

もう一つは、性的虐待が疑われるケースです。性的虐待をほのめかす言動が子どもからあった場合、家に帰すわけにはいきません。帰宅したその日に再び虐待が起きるかもしれないからです。また、性的虐待は虐待の事実を確認することが難しく、専門的な聞き取りが必要です。そのため、性的虐待が疑われる場合は、学校や園で虐待内容を詳しく聞き取るようなことはせずに、速やかに一時保護ができる児童相談所に連絡することが必要となります。

(2)保護者の様子

保護者の様子も、虐待を発見する際には重要です。

虐待がある家庭では、親となかなか連絡が取れなかったり、家庭の様子が見えなかったりすることもよくあります。このような場合、そのこと自体が虐待を疑う重要な情報だと言えます。

当然のことながら、保護者が子どもに対して暴力を振るったり、大声で威圧的な態度を取ったりする場合は注意が必要です。特に学校や人前にもかかわらず、このような言動が見られる場合、親自身の感情のコントロールが悪い証と言えます。身体的虐待では、子どもの怪我について尋ねた場合、曖昧な回答をしたり、話に矛盾があったり、不自然な言い訳をしたりすることがあります。

１０７ページからの「子どもの様子」の中でもお話ししましたが、保護者からの提出物がなかなか出てこないことがあります。また、子どものことで連絡しても、いつも不在で連絡が取れない、下のきょうだいの世話を年上の子どもにさせている、連絡が取れても子どもに対する関心がない様子や、態度が冷たいなどのことがある場合は、配慮が必要です。たとえ虐待がなくても、こうした状況は生活のゆとりのなさを表しているからです。育児や生活への何らかの社会的支援が必要です。子どもがアレルギーやアトピーなどの慢性疾患を患っていても、継続的に治療を受けさせなかったり、具合が悪くて連絡を取っても迎えに来なかったり、早退をしても病院に連れていかなかったりする場合は、ネグレクトの疑いがあります。

保護者の精神状態も観察すべきポイントです。精神的・身体的病気のために、精神状態が不安定で心にゆとりがなくいつも苛立っている、失業していたり、収入が少ない、借金があるなどの経済的な問題を抱えていたり、子どもの数が多かったり、家族構成が変わったばかりであったり、単身家庭で生活のゆとりがなかったりすることで、保護者が大きなストレスを抱え、ゆとりをなくしている様子が見られた場合は注意が必要です。保護者が大きなストレスを抱えていることは、虐待の引き金になります。また、他の保護者との付き合いが全くなく、親族も近隣の人も含め社会的に孤立していることも、虐待をする保護者の傾向として見られます。

2 見えにくい虐待事例

ここまで、児童虐待を早期発見するために、子どもや保護者の気になる様子についてお話ししてきました。ここでいくつか、学校や園などで見られる虐待を疑わせるような事例や対応に困る事例、典型的な虐待とは違うけれども子どもが受ける被害としては虐待に近いと思われる事例についてお話ししておきたいと思います。

（1）事例

家庭状況の把握が必要なケース

亜蘭くん（仮名）は小学5年の活発な男の子です。お父さんは日本人ですが、お母さんは外国籍で、両親はお母さんが当時勤めていた飲食店でお客として来ていたお父さんと出会い、結婚しました。亜蘭くんは学校で落ち着きがなく、授業中席を立ったり、友達のちょっとした失敗を大げさにはやし立てたりと、態度の悪さが目立ちます。ただ、それを心の底から面白がっているというよりも、騒いで気を紛らわしている感じであり、時々ふと疲れたような表情を見せることを担任は気にしていました。また、性的なことが話題になると興奮して、騒ぐことが止められなくなったり、卑猥な言葉を使って性的な話をしていたりすることがよくあります。お母さんは母国に長期にわたり帰国していることがよくあるようで、連絡をしてもなかなか話ができません。ここしばらくはまた姿が見えず、不在のようです。担任が自宅に電話をすると、たいてい亜蘭くんが出ます。周囲に人の気配はするのですが、「お父さんかお母さんに代わって」と言っても、二人ともいないと答えることがほとんどです。お父さんの就労状況は不安定で、よく職を変えているようです。

担任が一番気にしていることは、亜蘭くんの家の家族構成がはっきりわからないことです。

駅に近い2DKのマンションが亜蘭くんの自宅ですが、亜蘭くんの話や近所の保護者の話によると、家族成員外の大人や子どもの出入りが多く、家族以外が同居していることもあるようなのですが、誰が住んでいるのかはよくわからないのです。

亜蘭くんには、お父さんが前の結婚のときにもうけた年の離れた異母姉がいます。お姉さんは離婚して、3歳になる娘を連れて今は亜蘭くん家族と同居しているようなのですが、どうもそのお姉さんの今の彼氏も一緒に暮らしているようです。時々亜蘭くんは学校を休むことがあるのですが、休んだ後に聞くと、姪の面倒を見るために学校を休んでいたと言うのです。

このケースの場合、目に見えるひどい虐待はありません。しかしながら、誰が責任をもって子どもの養育に当たっているのか、状況がよくわかりません。常に大人は誰かしら家庭の中にいるのかもしれませんが、きちんと子どもの世話をしているとは言えない状況なのかもしれません。子どもがもう11歳と年齢が高く、最低限の学校の準備や食事など身の回りのことは自分でできるため、ネグレクトがあっても周囲からは見えづらくなっています。家族成員が不明なことや家族以外の大人の出入りが激しいこと、家族以外の人が狭いマンション内で同居していること、そして子どもの性的発言の多さを考えると、目の前で大人の性行為を目撃する機会があるなどの過剰な性刺激にさらされている可能性もあり心配です。家庭訪問を行ったり他機関と連携したりして、家庭状況の把握に努めることがまずは必要なケースだと言えるでしょう。

子どもに被害が及ぶために必要な指導ができないケース

摩裟士くん（仮名）は小学3年の男の子です。自分の思い通りにいかないとすぐに暴言を吐き、時には手を出したり、暴れたりするなどの問題行動があります。そのため、クラスの中で色々なトラブルをしょっちゅう起こし、担任も対応に苦慮しています。授業中も騒いだり、立ち歩いたりするため、摩裟士くんのクラスの授業は予定通りになかなか進みません。

こうした摩裟士くんの乱暴さや問題行動は有名で、保護者の間でも知られています。学校にも摩裟士くんのことで被害を受けたり迷惑を被ったりしている子どもの保護者から「何とかしてください」とクレームが来るようになっています。担任も家庭と協力して子どもの指導に当たりたいのですが、なかなかそれができません。一度家庭に摩裟士くんの学校の様子について話したことがあったのですが、父親が出てきて不機嫌そうに話を聞いていた翌日、摩裟士くんが顔に大きなあざをつくって登校してきたのです。驚いた担任が慌てて家庭に電話したところ、父親が殴ったことを認め、「悪いことをしたから当然だ。しつけだ」と言うのです。それ以来、担任も学校での状況を家庭に伝えられなくなってしまいました。また家庭の状況について尋ねることもしにくく、現在の家庭状況も把握できません。「学校がきちんと対応してくれないのなら、他の子どもを守るためにしばらく摩裟士くんを教室に入れないでほしい」と、摩裟士くんへの排斥意識がクラスの保護者の間で高まっており、どう対応したものか担任も頭を抱えています。

虐待がある家庭への対応では、しばしばこのような事態が起こります。学校でも園でもよくあることですが、教師や保育者としては家庭と連携を取って子どもの対応をしたい、保護者に対しても必要な支援を行いたい、という気持ちをもっているにもかかわらず、親に取り付く島がないのです。子どもが学校や園で起こした問題を知らせると、子どもにひどい叱責が加えられたり、さらなる虐待行為へとつながったりする恐れがあるため、学校や園での様子を正しく知らせることもできません。そうした家庭の事情について、他の保護者はわからないことが多いため、まるで担任が問題に対して何もしていないように見えてしまい、担任批判や学校・園批判、子どもへの排斥感情につながっていくことがあります。

このようなケースに対しては、子どもの問題行動を理由として家庭にアプローチをするのではなく、最初は、それ以外の抵抗の少ない、話題にしやすい事柄を理由にアプローチしていくことが有効です。話し合いのできる関係をつくるところから始めていきます。そして他の保護者に対しては、必要な働きかけを学校としては行っていること、子どもに対しては学校の中で必要な支援を協力して行っていることを、担任だけでなく学年主任や管理職と共にしっかりと説明していくことが必要です。

子どもに直接暴力が向けられていないために踏み込めないケース

知奈美さん（仮名）は、中学3年の女子です。感情の起伏が激しく、ちょっとしたことでもふてくされてしまったり、あるいは被害的に受け取ったりと情緒不安定なところがあります。「頭が痛い」「だるい」などと訴えることが多く、保健室をよく利用しています。人から注目されたい気持ちが強いせいか、友達関係では他者の気を引くような言動が多く、極端なことや辛辣なこと、時には明らかに嘘だとわかるようなことを言ったりすることもあるため、女子の間では「面倒くさい子」と思われています。自分勝手なところもあるため、友達から敬遠され、本当に仲のよい友達がいません。知奈美さんの家庭では、父親から母親に対するDVがあり、母は抑うつ状態にあるようです。

最近、知奈美さんが、LINEを通してクラスの複数の男子に思わせ振りなことを言い、それに怒ったクラスの女子数人とトラブルになることがありました。また、どうも塾の帰りに繁華街に寄って、そこで同じ年頃の新しい知り合いや大人の知り合いができたりもしているようです。こうした知奈美さんの気になる行動について話をしたいと担任が家庭に電話しても、母親は覇気がなく、あまり関心がないようです。知奈美さん本人と話をしても、ふてくされて、なかなか自分の行動を振り返ることができません。進路を考える時期も間近に迫ってきており担任も困っています。

このケースでは、子どもに対する直接的な暴力はありません。しかしながら、子どもの目の前でDVがあることは、れっきとした心理的虐待という児童虐待に当たります。ただ、警察が介入するまでに至らないDVの場合、家庭の外に問題が出ないことも少なくありません。DVがあるとわかっていても、虐待ケースとして捉え、家庭に介入していくことが難しい場合が多くあります。子どもに派手な問題行動はありませんが、DV目撃による心理的被害をもち、家庭からの温かな支えが得られず、集団の中で小さなトラブルを繰り返し、不適応に陥りかけています。寂しさから、異性関係や家庭外の大人との関係を求めるようになることも多く、今後の外での行動が心配です。

こうした様々な隙間に落ちてしまい、見過ごされがちなケースへの対応は難しく、一つの課題だと言えます。学校だけの支援では限界があり、PTAや保護者会の見守り活動、警察や自治体の青少年健全育成活動、虐待対応を担当する自治体の行政機関などと連携をして対応していくことが必要です。

教育的ネグレクトのケース

康太郎くん（仮名）は小学4年の男子です。実は、小学校入学以来、一日も登校したことがなく、4年間ずっと不登校の状況が続いています。学校も1年生の時から家庭訪問を繰り返し、学年が上がり担任が代わるたびに、関わろうと努力をしてきました。しかし、母親が学校に対して拒否的で、訪問しても玄関先には出てきてくれるものの、ちゃんとした話し合いはできず、子どもとも会えない状況が続いています。母親にはどうも精神疾患があるようで、子どもに対しても登校を促したりしている様子は見られません。それどころか、外の世界は危ないので子どもを外に出したくない、とすら考えているようです。父親は大変無口な人で、母親の意見には逆らうことはできず、この状況を変える力はないようです。2年生のときの男性の担任がやや強く親に意見をしたところ、それ以来、家庭訪問自体を拒否するようになってしまいました。学校ができる対応として限界を感じた校長が、他機関に依頼し、自治体のワーカーや地域の保健師が訪問したり、主任児童委員などが働きかけたりすることになりました。ところが、多少関係ができても、母親は少しでも自分の思いと違うことを相手から言われると、相手を敵視してしまい、こうした援助者とも関係が築けませんでした。康太郎くん本人も、隔離された環境でずっと生活しているため、生気がなく、学校に行きたいというような登校意欲や意思が全くないようです。康太郎くんの母親はこの地域では有名な旧家の娘で、父親は祖父が連れてきた婿養子です。生活していくのに困らないだけの資産があるため、父親も母親も働くことなく、祖父母が残してくれた財産を管理することで生活しています。

このケースの場合、不登校のケースとして、一見児童虐待とは見えないかもしれません。しかしながら、子どもが成長するために必要な体験や学習する機会を親が与えようとはせず、問題がある現状をそのまま放置しており、明らかに教育的なネグレクトがあると言えます。問題は、子どもが成長する機会を親が奪っているにもかかわらず、子どもにとっては小さなときからこれが当たり前であり、こうした不健康な環境に適応してしまっているが故に、この状況に不満をもったりおかしな環境だと感じたりすることができなくなっていることです。親も子どもも、誰も問題を感じておらず、不満をもっていないため、周囲が介入することが大変難しくなっています。問題を感じているのは周囲の人たちだけで、本人と家族は困っていないのです。これが経済的に困窮していたり、家事ができないなどの生活上の困難があったりすれば別ですが、社会生活を営んでいく最低限のスキルと経済的基盤が備わっていれば、支援者が介入していくのは極めて困難です。こうした事例は、隠れた児童虐待の事例と言えるでしょう。

親子共に発達障害があるケース

向陽くん（仮名）は中学1年の男の子です。知的な遅れはないものの発達の偏り（自閉症スペクトラム障害）があり、小学校の頃から、場の空気が読めない発言をしたり、しつこかったり、運動が著しく苦手で集団行動についていけなかったりする特性がありました。しかしながら、小学校は児童数の少ないアットホームな所であり、先生方の学級運営や配慮が行き届いていたため、発達特性も個性として受け止められていました。しかし、進学した中学校は複数の小学校の子どもが一緒になる大規模校で、向陽くんのことをよく知らない生徒たちと一緒になり、すぐにトラブルが起きました。同じクラスの男子数名が、空気を読まず相手の感情を害するような向陽くんの発言に対して、不愉快な気持ちをあらわにしたり、バカにして笑ったりすることが何度か起きました。向陽くんの特性を理解していた担任はすぐに対応し、男子生徒たちに指導をしました。生徒たちも反省し、すぐに行動を改め、向陽くんにも謝りました。しかしながら、向陽くんの中に植え付けられた被害感情を拭うことはできず、クラスに対する恐怖心が強く残ってしまいました。担任は、クラスの生徒も向陽くんを仲間として受け入れていく気持ちがちゃんとあること、今は向陽くんの言動を笑うような対応はクラスにないことを何度も説明しましたが、いったんそう思い込んでしまった向陽くんの印象は簡単には変わりません。やがて、「怖くてクラスには入れない」と言うようになり、登校渋りが始まりました。

実は、その背景には、向陽くんと同じ傾向がある保護者の対応も関係していました。向陽くん自身は、担任の話を聞き、小学校時代の友達もいるため、はじめは学校に登校する意欲も若干はあったようなのですが、保護者が子どもを安心させたり勇気づけたりして登校する方向に後押しせず、親子揃って「学校にひどいいじめっ子がいる」という考えで固まってしまっていました。そのため、担任の話は保護者にもいっこうに理解されず、向陽くんの偏った認知もますます強化されていきました。やがて保護者は、学校になかなか登校できないことに対して、「学校は何もしてくれない！」と教育委員会にまで苦情を訴えてしまいました。

このケースは虐待とは言えませんが、親の姿勢のせいで子どもにも不利益が生じている事例だと言えます。保護者も発達的な偏りをもっていたり、子どもの言い分を全面的に信じたりする過保護な姿勢が強すぎる場合に、このようなことが起きやすいと言えます。子どもは学校や園で、楽しいことだけではなく、時に子ども集団の中で自分の性格や発達傾向と向き合わされ、困難に出合うことがあります。それを子どもの成長につながるように、教師や保育者が家庭と連携しながら、子ども本人と子ども集団に働きかけていくことが大切ですが、それがこのケースのように保護者によって妨げられてしまう場合があります。

このように、学校や園では、虐待とは言えないものの、保護者の姿勢やあり方によって問題解決が困難になっていると感じられる事態にしばしば出合います。このような場合、子どもを成長させ育ちを支えるためには、まず保護者への関わりが必要になります。保育園などでは、子育て支援は親支援であるという考え方が定着しつつあり、保護者への支援にも随分とエネルギーが注がれるようになってきています。それに比べると、小学校や中学校などの学校現場では、保護者への関わりや保護者支援は、学校や教師の役割ではない、と考える傾向が根強く残っているようです。子どもを教育の場に登場させ、学校が本来もつ役割や機能を果たすためには、その前提として保護者へのアプローチが必要となるケースが多くあると言えます。虐待問題を抱える家庭は、子どもを支える家庭基盤が弱いと言い換えることができます。「学校は、親が子どもの育ちを支え後押しするような、しっかりとした家庭基盤をもった子どもが登校する場で、その子どもを教師が教育していくのだ」というような学校教育モデルや教師の役割意識では、虐待ケースやこのケースのように親に問題がある場合には、対応できなくなってしまいます。自治体によっては、学校にスクールソーシャルワーカーが配置され始めていますが、学校や園においても、こうした子どもを支える背景である家庭や保護者に対する支援のあり方を考えていくことが必要です。

親の問題のせいで子どもが無気力になっているケース

早苗さん（仮名）は小学6年の女子です。このところ、不登校気味になっており、学校を休む日が続いています。早苗さんは5人きょうだいの3番目で、上に兄と姉、そして3年生の弟と4歳の妹がいます。父親はアルコールの問題を抱えており、就労が不安定で仕事が長続きしません。母親は軽い知的障害があり、父親の言いなりになっているようです。早苗さんが不登校気味になったのは、兄の高校卒業と姉の中学卒業、そして早苗さんの修学旅行がきっかけでした。収入も少なく子どもも多かった早苗さんの家庭は、生活保護は受けていなかったものの、子どもたちの給食費や学校生活で必要となるお金は行政からの補助で免除になっていました。しかし、兄が高校を卒業して就職し、姉も中学卒業後アルバイト生活を始めたため、世帯収入が増え、こうした就学援助が支給されなくなってしまいました。今まで払わずにすんでいた学校の給食費や教材費、遠足費用や修学旅行費などを、家庭で負担しなければならなくなったのです。父親はそれに納得がいかず、支払いを拒み、そのことで行政に苦情を申し立て、学校にも文句を言い続けました。担任や校長が何度も家庭訪問し、父親に支払ってくれるよう理解を求めましたが、自宅にいるときはほとんどお酒を飲んでいる状態でもあり、納得してもらえませんでした。

威圧的で封建的な父親のせいもあり、早苗さんはもともと覇気のない児童でしたが、お金の掛かる学校行事に参加できないことや、給食費を支払っていないこと、父親と学校とのこうしたやりとりが目の前で繰り広げられることがあってか、修学旅行の準備学習が進む中で学校を休みがちになっていきました。今ではついに完全不登校状態になってしまい、結局修学旅行にも参加することはできませんでした。父親は「学校に行かなければお金が掛からなくていい」「女に学問は必要ない。卒業したらアルバイトをして結婚すればいい」と考えているため、家庭からの登校の促しもなく、学校の働きかけもあまり歓迎されません。今後どのように対応したらよいか、学校もほとほと困っています。

このケースは、表向きは不登校のケースのように見えますが、その背景には保護者のアルコール依存の問題や、人格的偏りからくる社会性に欠ける言動が大きく影響しているケースだと言えます。理不尽な家庭環境の中で、そもそも子どももエネルギーに乏しく覇気を失っているところ

に、保護者の非常識な振る舞いが重なり、登校する意欲をなくしてしまいました。

このように、一見子ども自身の問題のように見える不登校などの不適応行動の背景にも、保護者や家庭の問題が影響していることがあります。明確な虐待には見えないかもしれませんが、子どもの学校生活に必要な費用を出さないなど、子どもの学校生活と育ちを妨げる親の姿勢は、子どもに対する虐待的な行為であると言えるかもしれません。こうした視点をもって家庭や子どもへの支援を行うことが必要です。このようなケースの場合、学校は、福祉事務所や教育委員会、自治体の虐待対応の部署などの様々な関係機関と連携し、対応策を検討していく必要があります。また、給食費や教材費などの学校生活に必要な費用の徴収方法や児童手当の支給方法なども、子どもの権利を保障する観点からどのような仕組みにするとよいのかなど、システムを検討していくことが必要だと考えます。

性的虐待のケース

陽菜ちゃん（仮名）は、5歳の女の子です。お父さんはジムを経営するスポーツトレーナーで、お母さんもそこで経理の仕事をしており、共働きのために保育園に通っています。ある日、お昼寝の時間に保育士が陽菜ちゃんに添い寝をしていると、保育士の股間に陽菜ちゃんが手を伸ばし、指を差し込もうとしてきました。驚いた保育士が「そこは大切な所だから触らないのよ」と言うと、陽菜ちゃんは「だってパパはいつもこうしてマッサージしてくれるよ」と言うのです。陽菜ちゃんに話を聞くと、入浴はいつも父親とすること、そのときには陽菜ちゃんの股間を父親が石けんで丁寧に洗ってくれること、お風呂上がりには裸のまま体中をマッサージしてくれること、そのときに指を膣に入れることがあること、などを語りました。陽菜ちゃんに被害意識はなく、ちょっとだけ嫌なときもあったり、お父さんの様子がおかしくなったりするときもあって変、くらいの感覚のようでした。

担任から報告を受け、慌てた園長が児童相談所に連絡を入れました。児童福祉司がすぐにやってきて、陽菜ちゃんのことを保育園からそのまま一時保護しました。一時保護所で児童心理士が陽菜ちゃんに被害確認面接を行ったところ、保育士に話したことと同じことを陽菜ちゃんは語りました。児童相談所は性的虐待があると判断し、保護者に連絡をしました。来所した父親は、ひどく怒りながら、性的虐待について完全に否定しました。お風呂に入れたり、マッサージをしてやったりすることは事実だが、それは単に子どもを入浴させ身体を洗ってやっているだけで、親として当然のことであること、自分はスポーツトレーナーだから子どもとのスキンシップとしてマッサージをしてあげているのだと主張しました。母親も、「夫がそんなことをするはずがない」と父親を擁護し、すぐに陽菜ちゃんを帰してくれるよう訴えました。翌日、父親は保育園に行き、担任に通告した保育園を激しく非難しました。訴えてやる、とものすごい剣幕で園長に怒鳴り、担任にも文句を言って帰ったようです。児童相談所が両親の面談を重ねましたが、父親の主張は変わらないまま数日が経ちました。その間に、陽菜ちゃんの態度がだんだんと変わっていきました。不安そうな様子が日に日に目立つようになり、めそめそと泣いたり、「お家に帰りたい」「お父さんは何もしていない」と言ったりするようになりました。そしてとうとう、「話したことは全部嘘だった」と言い始めました。担当の児童福祉司や心理士が陽菜ちゃんと面談をしても、陽菜ちゃんの話は変わりませんでした。父親が虐待行為を認めておらず、本人も被害はなかったと言ったことで、これ以上一時保護をしておくことは難しくなり、陽菜ちゃんは家庭に戻されることになりました。

このケースは、年齢の小さな子どもの性的虐待への対応の難しさが現れている事例です。小さなときから性的虐待を受けている場合、子どもはその行為がおかしなことだと認識することが難しくなります。子どもにとっては親子関係の中で起きる、当たり前のことになっています。成長して他の親子の様子を知ることによって、ちょっと変かもしれないと徐々に感じるようになり、それを教師や保育者などに話したり、打ち明けたりします。性的虐待の場合は速やかに一時保護することが望ましいため、子どもは一時保護所に保護されることになります。しかしながら、一時保護所は家庭に比べると自由が少なく、様々な子どもが保護されている集団生活であるため、必ずしも快適な場所とは言えないことがあります。そのため、一時保護所の生活の不自由さや窮屈さ、親への思慕、家に帰りたい気持ちから、話したことを後悔し始め、虐待事実の開示を撤回

してしまうのです。子どもの年齢が低く、虐待されている認識が薄かったり、虐待していない親を慕う気持ちが強かったりする場合も、こうしたことが起きやすくなります。また性的虐待の場合、虐待する親が「お前がかわいいからしている」と言ったり、虐待行為以外は、子どもに優しくよい親であったりすることも多いため、親と離れて家庭以外の所で暮らすことに抵抗することも多くあります。こうして一度開示した虐待行為を撤回してしまうと、その後の対応は一層難しくなります。子どもは「自分がされていることを他人に話すと、困ったことになる」ということを学習してしまうからです。

そして、家族の秘密を他人にばらしてしまい、問題を起こした子どもは、元の家庭に戻り再び家族の一員として生活をしていくために、家族に再適応するよう頑張らなくてはなりません。親からの虐待行為を受け入れるようになったり、以前よりも一層虐待行為や問題を他人に話しづらくなり、助けを求めにくくなったりします。また、通告した学校や園も、保護者との関係がこじれ、対応が難しくなり、以後の通告や対応にも慎重にならざるをえません。このように、性的虐待は大変対応が困難な虐待だと言えます。

（2）学校や園で出合う虐待事例の特徴

事例を通して見てきたように、虐待への対応の困難さには、様々なものがあります。

学校や園で虐待を受けた子どもがいろいろな問題行動を起こす場合がありますが、そうした子どもに対応していく難しさは、クラスなどの子ども集団の中で、その子どもに対応しなければならないことです。特に学齢前など子どもの年齢が低い場合は、暴れたりパニックを起こしたりしても、一対一であれば保育者が対応していくことはさほど難しくない場合も多くあります。根気強く、丁寧に、抱きとめたり身体を抱えたりしながら、言葉をかけ、子どもの気持ちを落ち着かせていくことが可能です。そのこと自体が、虐待を受けた子どもの治療的な関わりにもなります。しかしながら教師や保育者が一人で他の子どもにも被害が及ばないようにしたり、他の子どもの対応もしなければならない状況だったりする場合は大変です。自分の対応の困難さだけでなく、暴れている子どもを見る他の子どもの視線も気になります。年齢が高くなれば、子どもの力も強くなるため、子どもへの対応も大変になります。

また、事例でもお話ししたように、クラスの子どもたちだけでなく、保護者を巻き込み、説明や対応に追われることもあります。その子どもの家庭が抱える問題はなかなか理解されず、子ども自身の問題だとされて排斥されそうになったり、あるいは教師や保育者の力量の問題や学校や園の対応の問題とされたりすることもあります。

子どもが問題を起こし、保護者同士で連絡を取ってもらうことが望ましいと思われる場合も、問題を起こしたことが保護者に知られるせいで子どもが暴力を受けるかもしれないと考えると学校や園であったことを親に伝えにくくなったり、また保護者同士で連絡を取り合うことがかえって問題をこじらせたりする場合があります。こうしたことが、問題を起こした子どもの支援をしにくくするばかりか、他の保護者の不信を生む原因になります。

保育園などでは学校に比べると子どもの定員も少なく、また朝夕保育などがあるため、担任以外の保育者が子どもと関わる機会も多くあります。中学校も教科によって教える教員が異なるため、複数の教員が生徒の様子を見ることが可能です。ところが小学校の場合、専科を除くと基本的に担任教師一人で授業を行っていきます。そのため、子どもの様子やクラスの様子、子どもの問題行動が、外から見えにくい状況があります。虐待を発見するためには、複数の大人の目で見ていくことが大切ですが、こうした教育体制の特色も気をつけていきたいところです。

また、子どもの発達の遅れや偏りがあることは、虐待が起きやすくなるリスク要因の一つですが、しばしば虐待をする親のほうも発達障害を抱えているケースがあります。親子とも似た発達特性をもっていると、その特性のために虐待が激しくなったり、事例にあったように子どもの偏った見方を保護者が強化したりするような場合もあり、対応が困難になることもあります。

親の学校に対する批判的態度、否定的な見解、非社会的な対応が、子どもが学校に向かう意欲や姿勢を阻み、不登校状態を助長したり、社会的な参加や活動を妨げたりすることもあります。こうしたケースは、いわゆる典型的な児童虐待とは言えませんが、子どもが社会の中で人と関わりながら健全に成長していく権利や、教育を受ける権利などの、子ども固有の権利を侵害する行為と言え、広い意味で虐待的な対応だと捉えてもよいのかもしれません。特に、小学校や中学校などでは、こうしたグレーゾーンの虐待、子どもの成長する権利や教育を受ける権利を侵害するような事例が多いように思います。

こうした典型的な児童虐待とは言えない事例に対しては、子どもや保護者への対応が困難になるだけでなく、支援者の理解が得られないこともあります。他の教職員や他機関の職員がこうした家庭の問題が背景にある不登校の状況を従来の不登校支援の枠組みでしか捉えられないと、校内での理解や専門機関の支援が得にくかったりすることがあるのです。

また、管理職の姿勢によっても、対応が大きく異なります。問題を、「保護者の問題」「子どもの問題」と見なしてしまい、自分たちの問題ではなく、学校や園が取り組むべき課題ではないと考えられてしまうことがあります。こちら側の考える支援の枠組みに乗ることができない相手に対しても、自分たちが相手に合わせた関わりをすることが仕事であり、専門性であるはずですが、「保護者があぁだからしかたがない」「学校（園）がやることじゃない」と考えて、放棄してしまうのです。発達障害をもつ子どもへの支援などでは、「子どもはいつも正しい」「わからなければ、わかるように教えられない教師の側の課題である」と捉えて、子どもにわかるようにこちらの教材や教え方の工夫をする、ということを教育活動の中で心掛けているはずなのに、こと相手が保護者や問題を抱えた家庭となってしまうと、そうした発想になかなかつながらなくなるようです。この後にお話しする、他機関との連携の際にも重要なことですが、問題のある保護者や家庭への支援について、自分たちの仕事の一部であるという意識がなかなかもてず、他機関の仕事であると考えて過剰な期待をしたり、思うように動いてくれず状況が改善されないと批判をしてしまったりすることが起きがちです。

家庭の問題や保護者へのアプローチは学校や園の役割ではないと切り離して考えずに、子どもを支援するためにも、関わりの難しい親や問題を抱えた家庭にどのように関わるとよいか、自分たちも仕事として取り組む姿勢が大切だと言えるでしょう。

第6章

児童虐待への対応

この章では、
学校や園における児童虐待への
具体的対応についてお話ししていきます。
子どもや保護者への個別の対応から、
組織内における体制と対応までを考えていきます。

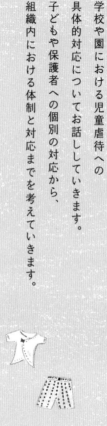

1 対応の基本 ～気づきから通告まで～

（1）学校や園の役割

虐待問題への具体的な対応についてお話ししていく前に、学校や園の役割について確認をしておきたいと思います。

学校や園は、子どもと毎日接触することができ、長期間にわたって子どもの成長を見守っていることから、子どもの変化を把握し、虐待を発見しやすい立場にあると言えます。虐待を発見する、非常に重要な役割を担っているのです。そして、実際に虐待があると判断され、様々な機関による支援が開始した後には、子どもの安全を見守るという役割を担っていくことになります。

虐待を受けている子どもは、大人からの力によらない良質な関わりや、共感的な養育体験に乏しくなっています。保育園などでは、親が与えられない安心できる養育体験を提供することが可能であり、教師や保育者は子どもの辛い生活を支える大切な大人だと言えます。

必要なときは虐待があることを関係機関に通告しなければならないため、そのような場合は保護者との関係は大変難しいものになりがちです。しかしながら、親子が分離されずに家庭生活を続けながら、地域での支援を行っていく場合、学校や園は、子どもの見守りや支援と同時に、保護者支援も行っていくことになります。子どもへの支援のためにも、家庭との関係は、ぜひ良好に保っておきたいと言えます。子どもの保護者と関わりをもち続けることが大切です。

また、虐待を抱える家庭への支援においては、複数の機関で連携をしながら支援していくことが基本となります。それぞれの機関が、子どもと家庭、保護者にアプローチし、その情報を共有していきます。援助機関同士のネットワークが重要なのです。一つの機関、あるいは自分一人だけでは、問題を抱え込む結果となり、決してよい支援はできません。関係機関がそれぞれの情報を収集し、共有し、役割を分担し、支援するという、ネットワークによる支援が基本なのです。その中では、支援者同士の支え合いの関係をいかにつくるかということも重要となってきます。

しかしながら、虐待問題を抱えた保護者の中には、支援をしようとする人とよい関係を維持することが難しい人も多くいます。そのため、専門的な支援機関とつながれなかったり、援助自体を拒否したりすることもよくあります。そうした場合にも、子どもが登校・登園している場合は、学校や園は保護者と必然的に関わりをもつことができます。子ども虐待の病理の特徴は、親しい間柄で起きる「つながりの病理」であると言うこともできます。程よい距離を保ちながら、子どものことを通して保護者にアプローチをしていくことが重要です。

（2）校内・園内の対応

ここからは、虐待対応の一連の流れと、虐待の疑いをもった時点から虐待通告をするまでの学

校内・園内における児童虐待対応の流れ

「虐待かも？」**気づき**
→ 担任、養護教諭、その他子どもと家庭に関わりのある全職員で**情報交換**
→ **管理職**等に相談・報告
→ 校内・園内で、全職員参加で**検討会議**を開催
→ **関係機関**への相談・通告

校や園の対応について具体的にお話しします。

言うまでもないことですが、前提として、児童虐待防止法や児童福祉法の規定により、全ての職員が虐待を早期発見する努力義務を負っており、通告の義務が課せられているということを職員全員が十分認識しておくことが必要です。それは社会からの要請であり、また、虐待を受けている子どもを守り、困難な状況で子どもを育てている保護者を支援することのスタートとなります。

校内・園内における虐待の対応の流れは、上の図のようなものになります。

対応の始まりは、まずは子どもと関わりのある職員が、「虐待かもしれない」と疑いをもつことから始まります。疑いをもったら、そのことを子どもと関わりのある職員同士で共有し、情報交換をします。校内・園内で情報を収集するのです。子ども自身に生活の様子や保護者との関わりについて尋ねたり、保護者と連絡を取った際にさりげなく様子を確認したり、きょうだいがいる場合はきょうだいの様子を把握します。可能であれ

ば、以前通っていた保育園や幼稚園、小学校などの機関や担任に尋ねてみることもよい方法です。この段階で一番してはならないことは、疑いを疑いのままで放置しておくことです。虐待であってもなくても、子どもの気になる様子がどこから来ているのかを把握することが必要です。

こうして何人かの職員で情報を共有した上で、管理職に報告・相談をします。管理職を含め、機関内に虐待問題に対応する組織会議体があればそこで、なければ子どもと関わりの深い職員を中心に、さらに情報を検討し、学校や園なりの判断を行える状況をつくっていきます。具体的に子どもに対してどのように接していけばよいか、どう情報収集を進めていくのかなどを共有しながら、組織的に対応していきます。その上で、虐待があると判断され通告することになった場合は、通告の前に機関内の職員全員で情報を共有しておきます。

この段階で大切なことは、個人で対応せず、校内・園内のチームで検討、対応するということです。決して、担任一人に情報収集や対応や判断を任せてはいけません。一方で、担任は抱え込まないことが大切です。繰り返しになりますが、虐待対応の基本は、機関内外問わず、チームやネットワークで連携をしながら、複数の目での見守りや観察、複数の関わりを提供していくことなのです。

機関内で学校や園なりの判断を行うと述べましたが、これは児童相談所や虐待対応の専門機関に通告する際に、必ずしも虐待だという確信が必要だということではありません。校内や園内で検討している段階で、当然虐待かどうかわからなかったり、判断に迷ったりする場合もよくあります。ここで強調しておきたいのは、虐待かどうかを判断することは、学校や園の役割ではないということです。迷う場合は、「虐待かどうか？」を、より専門的な機関に相談すればよいのです。そして、判断のポイントや、今後の観察のポイントについても相談し、助言をもらいます。疑いが完全に晴れなければ、関係機関に連絡することが原則だと考えるべきです。はじめに述べたように、教師、保育士など、子どもに関わる仕事につく人は、虐待の発見により責任ある立場であり、通告の義務を負っています。確信がもてない場合でも、「もしかして、虐待かもしれない」という疑いの時点で相談することが、正しい判断です。

こうした職員個人の疑いや、他機関への通告を検討する段階において、職員の感情がネックになることがあります。一つには、「虐待」だとレッテルを貼ることを恐れる心理です。「虐待なんて大変なことがまさか起きるはずがない」「万一間違っていたらどうしよう」「虐待していると考えるなんて保護者に失礼だ」などと考えて、虐待かもしれないと考えることや判断することを躊躇してしまうのです。ですが、はじめに述べたように、今は少なくとも200人に一人の子どもが虐待を受けている時代です。自分と関わりのある子どもに児童虐待という問題が起きることは、決して珍しいことではありません。

また、保育園など、親と子どもの関わりを間近で見ているような場合には、親に対する遠慮や申し訳なさから、虐待だと判断することをためらう場合もあります。虐待がある親子関係の中にも、親子の間の愛情はしっかりとあり、よい関わりも同時に存在していることのほうが普通です。

虐待行為はあっても、親が子どもを思う気持ちや子どもが親を慕う気持ちが、関わる職員にもはっきりと伝わってきます。そうした日常の親子関係や、子どもが親を慕う様子を見ていると、その親子の間に児童虐待があると判断することにためらいが生まれたり、リスクに対する判断が甘くなったりすることがあります。問題があったり未熟であったりしても、その親なりに子どものことを大切に思っていることを、保育士などの支援者が理解する力があることが、逆に客観的な判断を邪魔してしまうのです。

親と子の間に愛情があるかないかということと、親子の関係が虐待的であるかどうかの判断は、別のものです。基本に立ち返り、子どもが受けている心理的身体的被害の状況から事態を判断し、親子の間にある愛情が互いによってより幸せな関わりとして実現するよう、支援を開始することが必要です。

子どもから虐待事実の開示やほのめかしがあった場合には、本人から「誰にも言わないで」と言われることがしばしばあります。こうした子どもからの訴えに配慮して、他の職員と一緒に検討したり、現実的な対応を進めていくことをためらってしまったりすることがあります。また、103ページで述べた職員の救済者願望によって、抱え込んでしまうことも起きます。他にも、虐待だと判明して関係機関に通告した場合に、その後どうなっていくのかわからないという不安が、判断や通告をためらわせることもあります。

しかしながら、大切なことは、「虐待である」というレッテルより、子どもを守り、虐待という問題を抱えた子育てに苦労している保護者を支援することなのです。校内や園内で虐待かどうかを検討したり、他機関に相談をしたりしても、子どもに不利益が起きることは一つもありません。相談や通告は、保護者や子どもを裏切ったり密告したりする行為ではなく、親子が共に今よりもより良好な関係を築き、幸福な暮らしが実現するよう支援するという観点から行うのです。

また、稀にですが、保護者との関係悪化や問題が大きくなることを恐れて、機関として他機関に虐待通告をすることに消極的な場合や、管理職が通告を嫌がる場合もあります。しかしながら、それは誰のためにそうしているのかと考えると、決して子どものためではなく、自分たちのためにそうしているのだと言えます。それは、子どもの苦しみを放置し、見捨てることと同じです。親からも虐待され、放置され、社会からも同じ扱いをされたとしたら、子どもはどこに希望をもてばよいのでしょうか。組織や管理職に理解がなく、どうしても他機関への相談や通告につながらない場合でも、職員個人の疑いが拭えないのであれば、匿名であっても適切な機関に通告することができます。一般の虐待通告においても、確信がなくとも疑いの段階で通告されることがほとんどであり、それは教師や保育者の責務という以前の、大人としての義務だと言えます。

（3）通告先と要保護児童対策地域協議会

学校や園からの虐待通告先としては、地方自治体の子育て支援課や子ども家庭支援センター、家庭児童相談室などの虐待問題の対応部署、学校や園の所管部署である教育委員会や保育課、そして児童相談所などがあります。虐待問題の通告窓口と通告の流れは、自治体によって異なります。自分の学校や園の場合、どこに連絡をすればよいのかを普段から十分に理解しておくことが必要です。

一般的には、地域での見守りで対応できるような比較的軽いケースや心理的虐待のケースは市区町村の対応機関で、一時保護が必要となるような重症なケースは児童相談所にと考えられています。性的虐待は対応が難しく、速やかな保護や専門的な聞き取り調査が必要となるため、基本的には児童相談所に連絡します。通告する場合は、同時に、学校であれば教育委員会、保育園であれば保育園の所管部署など、自分の機関を統轄する部署にも連絡をしておくことが必要です。

通告の際に、校内や園内でしておくべきことは次の通りです。

まずは、虐待が疑われたときから、出来事や子どもや家庭の情報について、詳細に記録しておくことです。本人の話や本人からの訴えは、語られた言葉通りに記録することが大切です。要約したり、大人の言葉で言い換えたりすることはふさわしくありません。怪我の位置や状況などは、写真やスケッチなどで残しておくことも有効です。伝聞情報と直接確認できた情報とを、発言者と共にはっきりと区別して記録しておくことが大切です。

通告の際に心得ておかねばならないことは、「通告」はゴールではないということです。通告しても、そのうちの約8〜9割のケースは、通告後も地域で見守るケースとなります。前に述べた通り、通告は支援の始まりに過ぎません。関係機関で情報を共有し、対応策を練り、役割を分担し、支援を行っていく入り口に過ぎないのです。通告したからといって、学校や園の役割・責任が軽くなったり、なくなったりするわけでもありませんし、問題が解決するわけでもありません。「通告したから、後はそっちで責任をもって対応して」というような態度の、いわゆる「丸投げ通告」は、機関間の不信感を生み、機関連携の妨げとなります。通告後も、関係機関と対応を協議していきながら、学校や園としての主体性や責任感を欠くことなく、対応していく姿勢が重要です。

虐待通告がされ、支援が開始されると、要保護児童対策地域協議会（要対協）が設置されます。これは、虐待を受けている子どもなどの要保護児童の早期発見や適切な保護を図るために、関係機関がその子どもに関する情報や考え方・方針を共有し、連携しながら対応していくための協議会です。市区町村が設置する子どもを守る地域ネットワークと言ってもよいでしょう。

東京であれば子ども家庭支援センター、それ以外の自治体でも各市区町村に要対協の事務局の役割を果たす部署があります。要対協事務局が、関係機関同士の連携や役割分担の調整を中心になって行っていきます。対象の子どもが要保護児童となると、学校や園が要対協を通して知り得た情報全てに対して守秘義務が課せられますが、その代わり関係機関間での情報共有が可能となります。子どもが通学・通園している学校や園も、当然要対協の一員となります。

他にも、学童保育の他、児童相談所、教育委員会、福祉事務所、市区町村の関係部署、保健所、民生・児童委員、病院、警察、社会福祉協議会、相談機関、児童養護施設など、子どもや子どものきょうだい、保護者と関係ある機関が要対協のメンバーとして参加することがあります。要対協は、通常、代表者会議（開催は年に1〜2回）と実務者会議（3カ月に1回）、個別ケース検討会議（必要に応じて随時）の3層で構成されています。

（4）子どもや保護者への虐待事実の聞き取り

虐待があるかもしれないと疑いを抱いた場合、子どもや保護者に話を聞くことになります。ここでは、その際に配慮すべき点についてお話ししておきます。

①子どもへの対応

まず心得ておかねばならないことは、子どもは虐待があることを自分からは言い出さないことがほとんどだということです。それは、たとえ子どもと教師や保育者との間に信頼関係があったとしても同じです。端から見ていてどんなにひどい親であっても、子どもにとっては唯一の頼るべき相手で大切な存在であり、必ず愛情関係もあります。また、子どもにとって、親から虐待されていることは、「恥」でもあります。虐待行為が起きる場面では、子どものささいな言動が引き金となっていることも多く、虐待行為の最中に「お前が悪いから」と親が言っていることも多いものです。

また、子どもには物事を自分と結びつけて考える自己中心的認知という特性もあり、そうしたことから虐待されているのは自分が悪いせいだと思ってしまいます。親にすら大切にされない自分のことを恥ずかしく思い、年齢が低いうちは特に、虐待されればされるほど親に捨てられないようにとしがみつくようになるため、子どもは虐待を耐え忍ぶことになります。親に大切にされていない子どもは自己肯定感も低く、担任のことが好きで自分を認めてもらいたいと思う気持ちが強くなればなるほど、自分の恥ずかしい話、自分がダメだと思われるような話はしにくくなることもあります。こうした気持ちから、虐待の事実を話すことは自分の恥を話すことだと感じたり、親に対する裏切りであると感じたりして、親を悪く言うことができずに葛藤し、結果としてなかなか虐待の事実が話されない状況があります。

虐待があるかもしれないと考え、子どもから話を聞いていく際には、いくつか気をつけるべきことがあります。

まずは、子どもから信頼されている大人が聞いていくことが大切です。そして、子どもの安全を確保し、何があっても子どもの味方であることを示すことが重要です。話を聞いている中で、どんなにひどいと感じることがあっても、決して親を非難してはいけません。既にお話ししたように、ひどい親であっても子どもにとっては大切な存在であり、話すことに関して子どもは様々な葛藤を抱えているからです。

話を聞く場所は、子どもが落ち着いて話せる場所を選ぶことが必要です。そして「他の人には決して話さない」という約束はしてはいけません。特に子どもから自発的に虐待の事実が打ち明けられるときなど、子どもが「他の人には言わないで」「お父さん（お母さん）には言わないで」と言うことがあります。しかし、そのような約束をしてしまうと、子どもとの約束を守れば教師や保育者は校内や園内で情報を共有したり相談や通告をしたりすることができなくなり、他の人に話せば子どもとの約束を破ったことになります。約束を破られた子どもは、大人への不信を深めることになります。ですから、話を聞いていくときには、「あなたを守るためには他の人に話をすることもある」ということをきちんと伝えなくてはいけません。その上で、大人がみんなで一生懸命にあなたのことを真剣に考えていくこと、協力してあなたを守っていくつもりであること、相談することでいろいろな人の助けを借りることができること、そうすることがあなただけでなくどの子どもにとっても一番よい方法であることを、話を聞く大人が自信をもって、根気強く子どもに伝えていくことが大切です。

疑いをもっていない状況で、不意に虐待があることを子どもから聞かされた場合、大人も驚いてしまうことがあります。あるいは、受けている行為があまりにひどすぎる場合にも、聞いている大人が動揺してしまうことがあります。しかしながらそのようなときにも、子どもの話を「嘘でしょ?」と疑うような発言をしたり、「あなたが何か悪いことをしたせいじゃないの?」「親を怒らせたせいじゃないの?」と子どものせいにするような発言は決してしてはいけません。そうした不用意な発言をすることで、子どもが口を閉ざしてしまったり、大人に対する不信や失望を深め、助けを求めなくなったりしてしまいます。あくまで冷静に話を聞いていくことが必要です。

子どもは様々な葛藤を抱えながら話をします。打ち明けた後には必ずと言ってよいほど、不安に襲われたり、後悔したりすることがあります。話を聞いた後は、「あなたは決して悪くないこと」「打ち明けたことは必ずお父さんやお母さん、あなたのためになること」「これからも色々な大人が一生懸命あなたの力になっていくこと」をしっかりと伝え、子どもの不安に配慮することが大切です。

子どもから話を聞くときは、まずは子どもが語るままに任せ、ありのままを聞き取り、記録し、その内容を共有し、児童相談所などにそのまま伝えることが必要です。虐待事実に関する詳細な聞き取りや判断は、専門スキルをもった人に任せるほうが適切です。学校や園での聞き取りでは、虐待の有無やおおよその内容がわかれば、それで十分だと言えます。子どもにとって信頼できる、身近な大人である教師や保育者は、子どもの言葉を否定せずに、子どもに安心と希望を与え、寄り添う姿勢を示し続けることが、最大の援助なのです。

特に性的虐待については、詳しい話は聞き取らないことが大切です。行為の意味が理解できている年齢の子どもにとっては、性的虐待はそもそも知られたくない、知られることが新たな傷つきになる体験だと言えます。また、詳しい話を聞き出そうとすることで、「誘導的な質問」をしてしまうと、大人に迎合して話が変わってしまうこともあります。子どもが使っていない言葉で質問したり、子どもの話をまとめたり、大人の推測を交えて確認したりすることはしていけません。性的虐待について子どもから話を聞き取ることは、大変難しく、専門的な技術が必要です。聞き取る側にもタブー意識や嫌悪感が強くなるため、そうした意味でも聞き取りは難しいと言えます。

性的虐待は、家庭の中で見つからないように行われ、身体的虐待のように外的な証拠が見つかることがほとんどないため、虐待があったのかなかったのかは、子どもからの訴えに頼るところが大きくなります。そのため、被害事実の正しい聞き取りは、子どもを守り、適切な支援をするために大変重要になります。子どもからの性的虐待の開示は、その話が嘘ではないかと思われたり、いったん話した虐待の事実を子ども自身が後から撤回したりすることもよく起きます。しかしながら、性的虐待を偽って申し立てることは稀だと言われており、あったとしても０〜10％程度で、年齢が高い子どもからのものがほとんどだと言われています。

以上のことから、一度子どもが性的虐待を開示した場合は、詳しい話を教師や保育者が聞き取ろうとはせず、できるだけ早く児童相談所からの正式な聞き取りの機会を設けることが大切です。

②保護者への対応

保護者が自分から虐待を認めることも大変少ないと言えます。自分の行為はしつけだと主張したり、子どもを戒めるためには当然だと、虐待行為を肯定したりすることもよくあります。

保護者から話を聞くときの姿勢として、虐待する親は鬼である、子どもを愛していない、というような思い込みは捨てることがまずは大切です。教師や保育者がもっている考えや価値観に照らし合わせて、親の行為や姿勢に対して批判的な気持ちを抱いていると、それが保護者を刺激して話し合いがうまくいかないことがあります。一方的に指導をしたり、上から目線でお説教のような話をしたりすることは絶対に避けるべきです。教師や保育者が先入観をもっていると感じることで、話し合いの意欲をなくしたり、防衛的になったり、敵意を掻き立てたりすることになりかねません。まずは、非難や批判をせずに、保護者の話や訴え、事情を聞く姿勢が大切です。例えば、子どもの怪我についての状況確認をする場合は、まず保護者に状況についての説明をしてもらい、それを正しくメモするようにします。

子どもに対する暴力に批判的にならないことは難しいと言えますが、親の行為については肯定せず、しかしながら、子どもを怒りたくなる気持ちや、思い通りにならない子育ての大変さ、子どもと付き合うときの思いなどの心情については、共感的に聞いていく姿勢が大切です。信頼関係をつくっていく過程においては特に、事実については批判や審判はせずにそのまま聞き置き、話を聞いていく中でできるだけ保護者の心情を語ってもらい、保護者なりの大変さや子どもへの思いについて共感していきます。

虐待対応において、初期に関わる支援者の態度は、その後の親の支援に対する印象を決めるため、大変重要です。やっぱりわかってもらえない、と思われてしまえば、その後の援助者の関わりも難しくなってしまいます。

「お母さん（お父さん）がやったのですか」というように、教師や保育者が決めつけるような形で親に虐待について聞いたり、子どもから聞いた親の虐待行為について、そのまま親に確認したりすることは避けるべきです。「怪我があるようですが、どうしたのかおわかりですか？」とまずは中立的な立場で話を聞き始めることが安全です。決めつけたり不用意に聞いたりすることで親が怒り、関係が切れてしまったり、さらなる虐待が起きたりする危険もあります。また、重篤なケースでは、虐待やネグレクトを疑っていることが親に伝わることで、子どもを外に出さなくなったり、最悪の場合は子どもの命が危険にさらされたりすることもあります。保護者と十分な信頼関係をつくった上で、保護者から虐待行為が開示されたり相談されたりするようになることが理想です。しっかりと子どもの安全確保と見守りなどの体制を整えた上で、虐待の事実に迫っていくことが必要です。

保育園などでは、朝、登園してきた子どもに怪我があった場合、基本的にはいつどうしてできた怪我か確認した上で、子どもを預かることになっています。その場合も、虐待が心配されている場合は、子どもがいない場面で、あるいは親子を離して事情を聞くことが必要です。子どもがいる場で保護者に説明を求めてはいけません。子どもが保護者の嘘の説明を聞くことで、「話しちゃいけないことなんだ」と思ってしまったり、起きたことを保育者に話さなくなる危険性が生まれてしまったりするからです。

もし保護者の側から虐待についての告白があった場合は、責めるのではなく、「よく話してくれました」と、話してくれたことをねぎらい、今後について一緒に考え、支援していくつもりがこちら側にしっかりとあることを伝えることが必要です。保護者一人で苦労するのではなく、一緒になって子どもへの関わりを考えてくれる人たちがいることを実感してもらえるよう、じっくりと丁寧に伝えてください。

子どもの安全確保と虐待の有無を明らかにするために、特に学校などでは教師による家庭訪問が必要となる場合があります。ただし、保護者の拒否感情が強い場合や、飲酒や服薬などのために意識が不鮮明な場合、落ち着いて話ができそうにない場合は、次回の訪問の約束をしてそれ以上無理をしない方がよいでしょう。状況が悪いときに関わることでかえってトラブルを招いたり、強引な訪問によって拒否感を強めたりする危険があります。まずは関係をつないでいくことが大切です。

保護者の拒否感情が強い場合は、男性教員と女性教員、若い教員と年配の教員、担任と管理職など、異なる組み合わせでの家庭訪問がうまくいくこともあります。担任に対しては拒否的だけれど、もう一人の教員には比較的態度が軟化する、ということもよくあります。家庭訪問をした際には、子どもの様子を確認することはもちろんですが、家庭内の状況についても観察するようにします。部屋の整頓状況や生活状況、きょうだいの様子、前回の訪問からの変化など、様々な観点から家庭状況を把握していくことが大切です。

2　学校内・園内の支援体制

虐待問題への対応は、学校や園全体で取り組むことが必要です。それは、子どもの安全確保や虐待問題を抱えている保護者への支援だけでなく、他の子どもへの対応、周囲の保護者との関係調整、他機関との連携、関わる職員のメンタルケアなど、現実的に対応が必要な課題が多く生じる問題だからです。これらの課題に取り組んでいくためには、機関内の全職員が情報を共有し、状況や方針を理解している必要があります。また、どれ一つを取っても、対応は大変困難な問題です。一人では対応が難しく、つねにチームで対応に当たることを意識しなくてはなりません。

特に、担任などのキーパーソンとして対応しなくてはならない職員を支えること、大切にする姿勢は重要です。情報を共有し複数で対応することで、担任は孤立感を覚えることなく、自分だけで抱えているのではないという安心感が生まれ、そうしたゆとりがあるおかげで、もともとっている担任の力量が十分に発揮され、頑張り通すエネルギーも生まれてきます。こうした学校内や園内の支援体制が、担任を支えていく上でも大変重要になります。

虐待事例では、子ども、保護者への個別対応がことさら難しいものになります。子どもとの関係では、102ページでも述べたように、よい対応ができる教師や保育者であればあるほど、子どもから向けられる「挑戦」が大きくなっていきます。そして、子どもが学校や園で問題を起こしても、家庭で子どもの身に起こることを心配するあまり、家庭への連絡を躊躇します。学校の場合は、家庭訪問などがあり、物理的心理的負担も大きくなります。さらに、子どもと保護者を囲む、クラス(集団)対応の難しさもあります。他の子どもへの対応が手薄になったり、しばしば「教師、保育者の力不足」問題に発展したりもします。こうした担任が抱えることになる様々な困難に対処していくために、管理職を中心とした園内・校内のサポート体制と連携が必要になります。また、担任は、子どもや保護者をはじめとしたその問題に身近すぎるがゆえに、判断が揺らいだり、自信がなくなったりすることもあります。管理職や周囲の職員が支えるだけでなく、スクールカウンセラー、養護教諭など、ある程度距離があり、客観性が保ちやすい立場の専門職員を活用することも大切です。

基本的な虐待対応の知識や、他機関との連携の基本姿勢、そして校内連携の重要性は、虐待問題への対応では欠くことができないものですが、現状では、まだまだ必ずしも全ての学校や園で共有されているとは言えないと思います。こうした虐待対応に関する基本的な知識を教師や保育者が共有していくことが、取り組みの第一歩としてまずは大切なことでしょう。

特に学校内の連携がうまくいかない要因の一つとして、他の学級の問題には口を出さないという意識や、問題を担任に任せる意識、そして担任自身も自分が何とかしなくてはと思ってしまうなどの、学校独特の風土が影響しているように思います。しかしながら虐待問題への対応においては、こうした風土はかえって問題を悪化させることになりかねません。

他にも、校内連携・園内連携を進めていく場合に大切なことは、ケースに関わる中心メンバーを明確にしていくことと、実働「チーム」として対応していくことです。「だれが」「何をする」など、役割を具体的に定めておくことが大切です。情報の集約やケース会議の運営、さらに外部との連絡の窓口など、中心的な役割を担う人を明確にしておきます。そして、自分たちの役割を見失ったり、いたずらに他機関批判が起きたりしないよう、関係機関のできることとできないことを職員全体が理解しておくことも必要です。それには管理職が関係機関との連携について理解し、最終的な判断をすることが必要となります。

3　他機関との連携と見守りのコツ

最後に、他機関との連携と、子どもを見守っていく際に大切なことをお話ししましょう。

虐待を抱える家庭については、複数の機関が関わり、関係機関がそれぞれの情報を収集し、共有し、役割を分担するという、援助機関同士のネットワークによる支援が基本だとお話ししました。その中で学校や保育園・幼稚園は、子どもと毎日接触して、その変化を把握し、安全を確認できる重要な機関です。実際に虐待があると判断され、様々な機関による支援が開始した後には、子どもの安全を見守るという非常に重要な役割を担うことになります。新たな怪我や子どもの変化があった場合、次の会議を待たずにコーディネーター（要対協）に報告することが必要です。

しかしながら、このような役割を担う際、気をつけるべきことがあります。よく、学校や園が「子どもの様子に変化があったら連絡をください」と言われることがありますが、どのような状態を子どもの様子の変化と捉えるかは、人によって違いがあります。例えば、児童相談所の児童心理士が察知できる変化と、教師や保育者が変化として捉えることには違いがあるはずです。このように、様々な立場の異なる機関に所属する、専門性も異なる援助者が連携していく場面では、抽象的な言葉ではなく、なるべく具体的に話し合っておくことが重要です。

例えば、変化とは、2日続けて学校を休むことであるとか、一つでも新しい傷やあざができた時とか、きちんとした夕食を食べていない様子が1週間続いていると思われるとき、というようにです。そして、その時の対応についても具体的に確認しておくことが必要です。担任がすぐに家庭訪問をするのか、あるいはどこの機関の誰に連絡を入れるのか、などです。学校や園などの自機関の窓口を明確にしておくと共に、各機関の窓口も明確に理解しておかねばなりません。

連携における姿勢として、問題を抱え込まないことと、関係機関に丸投げしないことが大切です。既に述べたように、通告をして要対協が立ち上がったからといって、学校や園の手からケースが離れたわけではありません。以前と変わらず、主体性をもって各機関が関わっていくことが大切です。

また、うまく連携していくためには、それぞれの関係機関の役割を明らかにする必要があります。そのためには、自分たちの専門性を意識（自覚）しつつ、他機関の専門性も理解しようとする姿勢をもつことが大切です。なぜなら、各機関によって見えている景色が違うことがあるからです。それぞれの機関によって、何がこの家庭にとって援助となるのか、「子どもの最善の利益」をどう捉えるか、ゴールはどこかなどが異なっている可能性もあります。

例えば、学校や教育現場での営みの特徴としては、子どもに対して目指すべき一定の基準や理想、到達点を示し、そこに至るよう「教育する」「引き上げる」という意識を強くもっていると言えます。教育・成長モデルと言ってもいいかもしれません。今できないことができるようになるためにはどう関わればいいのか、という発想をすることが多くなりがちだと言えます。一方、福祉の援助の考え方においては、もちろん成長発達モデルを視野に入れながらも、教育に比べると、できないことを前提とし、相手に必要な支援を「提供していく」という発想に親和性があると言えます。

教育・成長モデルは、それに固執しすぎると、相手の現状に歩み寄らず理解を欠いてしまう危険性もあります。こうした違いは、それぞれ必要な視点であり、どちらが正しいとは言えないものです。お互いに、発想の違いに注目して批判したり、相手のできないこと、してくれないこと、していないことを指摘し合ったりしても問題は解決しません。他機関の対応に疑問や不満を感じた際に、相手の立場になって、なぜそうなるのか、そう考えるのかを、理解しようとする姿勢が大切です。

例えば、児童相談所はよく他機関から、「連絡をしてもいつもいない」「連絡をくれない」「放っておかれる」などといった批判を受けることがあります。しかしながら、どうしてそうなるのかを考えると、担当児童福祉司の多忙を極める状況が背景にあることもあります。このような場合、一方的にこちらが何かをしてもらうという姿勢では連携はうまくいきません。相手の状況を踏まえ、こちらからもよい関係や状況をつくり出していくための工夫をしていくことが必要です。他機関の不足しているところを補うという視点や、自分たちが他の機関にとってどう役立てるかという視点です。１００％自分たちの望み通りの関係を実現することは難しくとも、手をつなぎ合える妥協点を互いに探していく姿勢が必要だと言えます。前にお話ししたように、ケースを「丸投げ」したり、自分たちの考える役割に固着したりするのではなく、相手の要請も受けながら柔軟に役割を変化させ、一緒につくり出していくプロセスが「連携」のコツだと言えるでしょう。

こうしたことのためには、普段から顔の見える関係を築いておくことが役立ちます。ケースを通してつながる関係もありますが、問題が起きてから連携するのではなく、普段から情報交換のできる場があることが望ましいと言えます。

（本文注）

Ｐ54　自閉症スペクトラム障害……自閉症・アスペルガー症候群・特定不能の広汎性発達障害など、自閉症の特性を示す一群の発達障害の総称。他人の気持ちを読み取ることが苦手だったり、特定の物事へのこだわりが強く柔軟な対応ができなかったりする特性をもつ。

Ｐ98　非器質性成長障害……脳や神経の組織に問題がないのに、成長が妨げられている状態。

加藤　尚子（かとう・しょうこ）
明治大学文学部准教授　臨床心理士
研究・教育の傍ら、児童養護施設をはじめとした様々な場所で、虐待を受けた子どもの治療や地域の子育て支援、スクールカウンセラーなどの臨床活動を続ける。専門は、児童虐待を受けた子どものトラウマやアタッチメント、子育てに関わる心理学。最近では、文部科学省科学研究費補助金の助成を受け、施設内虐待についての研究、親の懲戒行動とアタッチメントに関する研究を行っている。東京都児童福祉審議会委員、東京都男女平等参画審議会委員等を歴任。

装丁／石倉ヒロユキ
デザイン／レジア（上條美来）
イラスト／松本孝志
校正／麦秋アートセンター
販売／根來大策
宣伝／阿部慶輔
制作／長島顕治・浦城朋子・望月公栄
編集／小林尚代

虐待から子どもを守る！
～教師・保育者が必ず知っておきたいこと～

2017年7月25日　初版第1刷発行

著者　加藤尚子
発行人　杉本 隆
発行所　株式会社　小学館
〒101-8001
東京都千代田区一ツ橋2-3-1
電話　編集　03-3230-5549
販売　03-5281-3555
印刷所　萩原印刷株式会社
製本所　株式会社　若林製本工場

ISBN 978-4-09-310855-3